包政管理经典

卓有成效的
经理人

包政 /著

机械工业出版社
CHINA MACHINE PRESS

本书深入剖析现代企业管理的精髓，从分工与组织原则出发，探讨管理的起源与发展。全书以职业经理人斯隆为案例，透过斯隆的职业生涯，揭示流程及沟通对企业效率和动力的影响。书中深入讨论了如何构建有效的分工与组织关系，如何强化公司总部与事业部职能，并合理分配利益，包括工资、奖金和股权。书中特别强调了产品政策在市场竞争中的作用，同时探讨了企业如何创造市场和未来。书中还分析了企业内部机构的相互关系、委员会的沟通职能，以及财务在企业经营中的关键作用。技术进步对产品竞争力的影响和正确决策的重要性也涵盖其中。最后，书中讨论了业务流程的优化，包括产销协同和厂商结盟。本书为企业管理者提供了一套全面的管理框架和实践指导。

图书在版编目（CIP）数据

卓有成效的经理人 / 包政著. -- 北京：机械工业出版社，2025.3. --（包政管理经典）. -- ISBN 978-7-111-77725-0

I. F272

中国国家版本馆 CIP 数据核字第 2025PS3521 号

机械工业出版社（北京市百万庄大街 22 号　邮政编码 100037）
策划编辑：石美华　　　　　　　　责任编辑：石美华　刘新艳
责任校对：李　霞　王小童　景　飞　责任印制：单爱军
保定市中画美凯印刷有限公司印刷
2025 年 5 月第 1 版第 1 次印刷
170mm×230mm・14 印张・3 插页・121 千字
标准书号：ISBN 978-7-111-77725-0
定价：89.00 元

电话服务　　　　　　　　　网络服务
客服电话：010-88361066　　机　工　官　网：www.cmpbook.com
　　　　　010-88379833　　机　工　官　博：weibo.com/cmp1952
　　　　　010-68326294　　金　书　网：www.golden-book.com
封底无防伪标均为盗版　　　机工教育服务网：www.cmpedu.com

前　言

德鲁克《卓有成效的管理者》的原型是斯隆，斯隆被评为世界 100 名 CEO 之首（见表 1）。

表 1　世界 CEO 排行（部分）

排名	姓名	公司	得分	评语
1	艾尔弗雷德·斯隆	通用汽车公司	100.00	20 世纪最伟大的经理人，开创了专业经理人管理的世纪
2	杰克·韦尔奇	通用电气公司	97.70	企业家和经理人的偶像，重新定义了现代企业的运作模式
3	亨利·福特	福特汽车公司	92.00	为我们留下了生产线、八小时工作制和个人用汽车
4	沃伦·巴菲特	伯克希尔－哈撒韦公司	87.64	世界最伟大的投资家，华尔街著名投资人
5	比尔·盖茨	微软	87.09	产品普及几乎所有的公司及家庭
6	山姆·沃尔顿	沃尔玛	86.57	打造了最好的零售业模式，确立了"面对顾客"的基本原则

（续）

排名	姓名	公司	得分	评语
7	鲁伯特·默多克	新闻集团	85.80	建立了一个媒体帝国，改变了大众对媒体的消费观念
8	松下幸之助	松下集团	81.33	"经营之神"，日本企业家的代表
9	迈克尔·戴尔	戴尔公司	72.00	最年轻、最有潜力的CEO，创立了一套全新的分销手段
10	安迪·格鲁夫	英特尔	69.67	领袖中的领袖，重新定义了英特尔
11	卡莉·费奥里娜	惠普	69.62	全球第一女性CEO
12	郭士纳	IBM	68.65	时代的先锋，成功地变革了IBM
13	约翰·钱伯斯	思科公司	66.50	最有价值的CEO，第二代网络霸主
14	李嘉诚	长江实业	62.40	全球华人经营管理的代表
15	约玛·奥利拉	诺基亚	58.78	芬兰的骄傲，为高科技企业创造了全新的风格
16	拉里·埃里森	甲骨文	54.30	离世界首富最近的人
17	史蒂夫·乔布斯	苹果电脑	52.90	全球最酷的企业家、资讯产业的艺术家
18	盛田昭夫	索尼公司	44.74	日本第一品牌的创始人
19	乔治·索罗斯	量子基金	36.80	对全球金融与地缘关系了解最透彻的人
20	孙正义	软件银行	31.77	新科技闯入者与破坏者，重组日本式的管理规则
替补	斯科特·麦克尼里	太阳微系统公司	—	盖茨的挑战者，时代最热切的网络技术的开发者和执行人

资料来源：MBA智库百科，世界CEO排行。

钱德勒写了一本书《看得见的手：美国企业的管理革命》，书中强调自1922年以来，美国那些传统的老牌企业帝国都实现了两权分离，从此"企业家式企业"都转向了"经理人式企业"。这在美国铁路行业就更早了，1900年以后，美国铁路行业的企业实现了经营权和所有权的分离，工程师出身的职业经理人主导着企业的经营和管理。这就带来了一个历史性的问题：企业经理人究竟是企业的经营者还是管理者。无论如何，现实中可见的既不是经营者也不是管理者，而是一个个活生生的职业经理人。

德鲁克认为，职业经理人和职业律师、职业医生一样，有自己的客户，他们的客户就是企业，他们努力服务于自己的企业客户。他们没有权力只有责任，他们的责任就是努力创造业绩或利润。职业经理人不需要取悦任何人，相反，他们需要听取各种不同的意见和建议，这些不同的意见和建议恰恰是履行职责最重要的途径。可以说，德鲁克非常清晰地指明了一个职业经理人的本质特征，指明了经理人的职业特性。

然而，按照钱德勒的说法，职业经理人阶层的产生，标志着传统企业向现代企业的转变。就像现代医院代替传统诊所，现代大学代替传统私塾，是因为有了职业医生和职业教授阶层一样。职业医生和职业教授阶层的出现，表明这些职业的社会化已经达到了很高的程度。借用德鲁克的概念，现代社会有两个显著的特征，一是社会的机构化，二是机构的职业化。德鲁克的原话是，机构型的社会和职业型的机构。整个社会的正常运行，包括社会再生产的循环，是由各类机构保证的，包括教会、军队和学校等在内的组织都已经机构化了，而各类机构有着各类职业化的员工，也称从业员、职业人或职工。

与社会现代化同步的是机构的现代化，是工商企业的现代化。斯隆从1920年起，开始将通用汽车公司构建为"现代公司"。他遵循的是美国宪法赋予企业的权利、义务和责任，这就是获取资源，创造财富，创造利润，谋求企业有序、高效和可持续发展。同时，企业同样需要赋予每一个员工以社会公民的资格和地位，尊重每一个员工的自由意志和个人利益，并努力维持投资人股东、经理人和员工与消费者之间的利益平衡，由此建立企业内外各利益主体之间的对立统一关系的基础，构建以沟通为核心的协商、协调与协同的基础，同时，从根本上排除依靠命令、指挥与控制的方式，从而维持和发展企业内外分工一体化运营的关系体系，并且发展出一套与"现代企业本质"相联系的行之有效的沟通方式与方法，包括委员会制、政策小组、参谋职能体系和专业职能体系，等等。

斯隆从根本上否定将个人意志强加于人的做法，由此来培育尊重个性的现代企业文化，使企业的内生动力建立在每一个成员的个性成长与发展的基础上，发挥每一个成员的主动性、创造性和个性天赋。

有关企业及其领导人的领导地位与合法性基础，是可以建立在沟通的基础上的，有关企业重大事项的决策，也是可以建立在沟通的基础上的。这个现代化的理念及其原则，与巴纳德的思想以及西蒙的决策理论是一致的。巴纳德的"经理人员的职能"，强调的就是沟通，就是按"共同目标"与"协同意愿"展开的持续沟通。西蒙决策理论的两大前提，即事实前提和价值前提，也是建立在沟通基础上的。

可以说，现代企业分工一体化或分工与组织原则的关键就是沟通，就是在沟通基础上的协商、协调和协同。唯有遵从这个原则，才能唤起每一个成员的良知、良心和善意，并使每一个成员获得成长感、成就感和幸福感。

麦肯锡的CEO丹尼尔说："德鲁克后来决心让斯隆而不是自己，成为管理学领域的创始人。考虑到商业历史学家会有不同的看法，德鲁克经常会提出一个折中方案，尽管《公司的概念》首次将管理确立为一门学科，但通用汽车公司的CEO斯隆才真正将管理打造成了一种职业。"

中国企业正面临着两权分离和职业经理人阶层的兴起，本书内容以及斯隆的职业化和专业性，一定能帮助中国的职业经理人适应伟大时代的变革，使中国更多的企业成为世界级公司，成为现代公司。

本书在写作过程中得到了包子堂合伙人郑坤、郝剑青、赵士宏、熊壮的大力支持和帮助，他们提供了中肯的修改建议和意见，提供了资料并负责了大量的校对工作，在此表示衷心的感谢。另外机械工业出版社的编辑老师，对本书的出版给予了真诚的帮助和热情的支持，让我深受感动，在此表示深切的感谢。

包 政

2024.11.21

目 录

前 言

01 第1章 现代企业的两条原则 /1

两条基本原则 /2

第一条原则：依靠分工与组织的一体化关系体系创造物质财富 /2

第二条原则：用"看不见的手"协调分工与分利关系 /5

管理从何而来 /8

管理为何物 /9

泰勒的管理事项 / 10
法约尔的管理概念 / 12
德鲁克的管理学 / 14

02 第2章 向斯隆的职业生涯学什么 / 17

流程是企业的命脉 / 18

效率工程师的天然本色 / 19
向流程要效率 / 21
向流程要出路 / 23

沟通是企业的动力 / 25

责任关系上的沟通 / 26
见利见效才能齐心协力 / 27
心灵上的连接需要培育 / 29

03 第3章 构建分工与组织关系 / 32

分工与组织的一体化关系 / 33

两项组织原则 / 34
五个组织目标 / 37
四条组织路径 / 39

强化公司总部的职能 / 44

从组织研究到组织建设 / 44

组织建设的切入点 / 45

强化公司总部的专业与参谋职能 / 46

强化事业部的职能 / 49

提高事业部的产品开发能力 / 49

提高事业部的生产工艺能力 / 52

提高事业部的市场开拓能力 / 53

04 第4章 利益的分配 / 56

工资的分配 / 57

小时工资的确定 / 58

劳资之间的对立统一 / 59

奖金的分配 / 62

奖金提成与奖金分配 / 62

奖金分配机构的客观公正性 / 63

奖金分配程序的客观公正性 / 64

股权的分配 / 67

方案的实施要点 / 68

方案的操作细节 / 69
股权的分配 / 70
实际效果 / 71

05 第 5 章 依靠产品政策争夺市场 / 73

企业的产品政策 / 74
产品是成败的关键 / 75
依靠产品政策协同起来 / 76

产品政策的导向作用 / 78
发现并解决现实问题 / 79
改变市场竞争格局 / 81
协同是产品政策的要害 / 82

把握市场发展的趋势 / 83
混沌初开的汽车行业 / 84
活下来是出发点 / 84
以产品适应市场的逆转 / 85

06 第 6 章 创造市场，创造未来 / 88

企业与市场的互动关系 / 89
企业生命的活力源泉 / 90

企业内生的活力来源 / 91
强化部门的自主意识 / 92

攻击对手的薄弱环节 / 93

在对手产品的缺陷上做文章 / 93
彻底打败竞争对手 / 94

在"效用递减"上做文章 / 95

外观带来的商业机会 / 96
金融手段拓展市场空间 / 97
开放金融服务业的重要性 / 98
以旧换新,加速消费 / 99

07 第7章 企业各类机构的相互关系 / 101

董事会的职能 / 102

董事会在经营中的责任 / 103
做实董事会 / 104
财务委员会和执行委员会的职能 / 105
审计委员会的职能 / 106
董事会决策的信息来源 / 107

总部为事业部赋能 / 108

自主经营与政策协同的必要性 / 109

总部"政策协同"有赖专业职能 / 110

专业职能部门对总部的赋能 / 110

专业职能部门对事业部的赋能 / 111

总部与事业部的关系 / 112

总部提供服务的效率来源 / 112

帮助事业部落实政策 / 114

总部和事业部必须上下同欲 / 115

08 第8章 委员会的沟通职能 / 118

委员会是"集体决策"方式 / 119

共同目标与协同意愿的结合 / 119

决策与执行的边界 / 120

决策与执行的统一 / 122

委员会是解决难题的途径 / 123

专项任务委员会 / 123

专项任务委员会的推广 / 125

委员会是厂商结盟的基础 / 128

传统的厂商交易关系 / 128

经销商顾问委员会　／ 129

深化厂商合作关系　／ 130

09 第 9 章　财务在企业经营中的作用　／ 134

从财务入手治理企业　／ 135

初始的混乱状态　／ 136

资本拨备管控　／ 136

现金管控　／ 138

库存管控　／ 139

生产管控　／ 140

用杜邦公式调控经营业务　／ 141

杜邦公式的表达　／ 141

确定经验数据　／ 142

杜邦公式的应用　／ 143

确定"标准产量"　／ 145

防止"外延扩张"　／ 148

财务与业务的良性循环　／ 149

景气年份的财务运筹　／ 150

经济大萧条时期的财务状况　／ 151

战后 17 年的财务运筹　／ 152

第 10 章　技术进步的地位和作用　/ 155

科学发展与技术进步　/ 156

认清技术的来源　/ 156

企业的"应用研究"领域　/ 158

向"基础研究"渗透　/ 159

产品竞争力上的技术　/ 160

寻找产品的问题　/ 161

对产品进行测试的手段　/ 162

建立工程技术体系　/ 163

引进技术人才　/ 165

等待产品外观设计人才出现　/ 165

成立外观设计机构　/ 166

依靠种子选手集聚设计人才　/ 167

把握市场对审美的需求趋势　/ 169

第 11 章　正确决策的要点　/ 171

决策是经理人的工作　/ 172

在见利见效的事情上下功夫　/ 172

让事实说话，让事实做决定　/ 173

靠正确的人，做正确的事　/ 175

依靠沟通做出决策　/ 177

从突破现实入手　/ 178
让想法变成提案　/ 180
让提案变成现实　/ 181

正确认识未来的变化　/ 183

福特的教训　/ 183
依靠产品竞争能力争夺市场　/ 184

12　第 12 章　打通业务流程　/ 186

效率工程师的流程思维　/ 187

效率的三个来源　/ 187
提高流程效率　/ 188
从"产销协同"到"厂商结盟"　/ 190

产销协同　/ 191

库存危机的发生　/ 192
库存危机的表现　/ 193
库存危机的原因分析及对策　/ 194

XVII

厂商结盟 /195
　　帮助经销商建立会计系统　/196
　　强化"年型车"的业务流程　/198
　　强化与经销商的合作关系　/201

后记 /204

CHAPTER 1
第 1 章

现代企业的两条原则

现代社会及现代企业暗含着两条原则，正是这两条原则，表达了现代社会及现代企业的本质特征。离开了这两条基本原则，我们就不知道什么是"现代企业"，更不知道"现代企业"和"传统企业"有什么区别。这也许是现代管理学不能有效定义"什么是现代企业"的原因。

两条基本原则

工商企业的外在表现形式千姿百态，然而，"现代工商企业"的内核只有两条基本原则：一是依靠分工与组织的一体化关系体系创造物质财富，二是用"看不见的手"协调分工与分利关系。

第一条原则：依靠分工与组织的一体化关系体系创造物质财富

有人认为，亚当·斯密的理论是"分工理论"，这是不对的。斯密讨论的是如何提高劳动生产效率，提高物质财富的创造能力，强调的是如何在分工的基础上进行有效组织，形成价值创造的业务流程。

他介绍的是一家制造大头针的工厂的案例，从案例中我们可以看到，工厂主就是一个组织者，把大头针的制造过程分成18道工序，由10个工人分别承担1到2道工序，然后再把18道工序组织起来，形成一体化的固定流水生产线，将劳动生产效率提高了240倍。

亚当·斯密显然知道"分工之后必须组织起来"，分工之后不能形成一体化的组织，就无法提高劳动生产效率。只不过亚当·斯密的"组织"概念，存在于单个工人作业的全过程之中，也就是对单个工人的作业过程进行分解，分解成18道工序，然后交给10个工人，单个工人的作业过程就变成了10个工人共同完成的生产作业流程。

10个工人的分工一体化组织过程，也就是一个工人从头做到尾的作业过程。这样一种简单的转换使单个工人的劳动生产效率提高了240倍。劳动工具和工作方法都没有改变，改变的只是单个工人只做一小部分工序的工作。因此，后人有理由说，亚当·斯密发现了财富创造中分工的秘密，他的理论自然也就被称为"分工理论"。

为了帮助大家理解分工能提高劳动生产效率的原因，卡尔·马克思总结了分工的好处。后来的学者也对分工的意义进行了深入的研究，认为分工可以提高劳动的熟练程度、工作的专业化程度，减少作业转换所需要的时间，提高工作者对作业的专注程度，提高人与工作的适配程度，等等。

看过吕贝尔特《工业化史》就知道，亚当·斯密的理论为工具的改善、机器的发明和动力的导入创造了条件，从而开启了以机器代替人力的工业化道路。随着工业化进程的推进，原创的股份制开始应用到了工业化领域，社会的游资开始从船舶航运业转向了工业化大工厂。随之而来的是传统的"工厂制"，甚至手工业作坊，转变为机器大工业的"公司制"，打开了以工业化为特征的资本主义生产方式的大门，极大地提高了人类创造物质财富的能力。可以说，亚当·斯密的理论推动了人类社会的现代化进程。他本人也被称为现代经济学的开山鼻祖，经济学就是经世济民的学问。他的现代思想的第一条原则就是依靠"分工与组织的一体化关系体系"，降本增效，创造财富，创造利润，从而创造未来。

值得一提的是，德鲁克的管理学并没有把分工与组织两者对应起来进行讨论，也没有指出分工与组织的关系体系及其价值创造流程是人类社会物质财富涌流的原因，而是单独强调分工是企业实现社会目标的一种有效方式，又说组织也是企业实现社会目标的一种有效方式。不管德鲁克的用意是什么，客观上他把经世济民的学问与企业创造财富的实体隔离开来了。这是有问题的，让人搞不清楚经济学和指导企业创造财富有什么关系，对其有什么指导意义。

谁都知道现代产业社会的核心力量就是工商企业，而亚当·斯密理论的着眼点和落脚点都是工商企业，都是工商企业如何降本增效，创造物质财富。

由此而论，企业作为产业社会发展的历史起点以及创造财富的坚实基础，其本质就是基于分工与组织的生产作业流程或价值创造流程以及在此基础上发展起来的业务流程。当有人问起，企业的本质是什么的时候，我们就可以说，是基于分工和组织效率的价值创造流程。

第二条原则：用"看不见的手"协调分工与分利关系

人与人之间的关系，说到底就是分工与分利的关系。在企业外部是生产者之间的社会分工与分利的关系，在企业内部是劳动者之间的劳动分工与分利关系。亚当·斯密非常明确地告诉大家，是市场"看不见的手"调节生产者之间的分工与分利关系。生产者之间本着诚实守信、平等互利的市场原则，交换各自的商品，在实现社会再生产循环的同时，维持彼此间的分工和分利关系。在亚当·斯密之后，哈耶克和弗里德曼都认为，用"看不见的手"协调分工与分利的关系是"现代思维"，有别于"传统思维"。中国的改革开放之所以获得如此巨大的成就，就是因为放弃了计划经济的"传统思维"，导入了市场经济的"现代思维"。所谓现代思维就是排斥人为的安排，不再依靠行政权力系统对人与人之间的分工与分利关系做出人为的安排。后面我们就能看到，这是现代社会和现代企业的本质规定性。

  然而，在企业内部，没有市场价格信号，就无法建立自由竞争的机制，于是就有了"看得见的手"这种管理的概念，有了用权力及人为的方式来协调分工与组织关系以及分工与分利关系的企图心。科斯的理论就把市场协调和管理协调对应了起来，并且明确表示"管理协调"就是用行政权力手段进行协调与管辖。

  1938年，巴纳德出版了《经理人员的职能》，直接用经理人员的职能来代替管理职能，这样就贴近了现实。现实中只有经理人员，没有管理者，也无法明确界定管理者的管理职能工作。

  巴纳德非常清楚，管理职能的概念已经过时了，那是传统企业中的"传统思维"。在以知识工作者为主体的企业中，经理人员的职能是沟通，而不是依靠权力去命令别人。他强调"命令必须以服从"为前提，经理人员的职责就是通过沟通、协商、说服、引导、教育乃至争论，让大家心甘情愿地为共同的目标做贡献。他认为一个企业能否有序、高效、可持续发展，关键是能否满足两个互为前提的条件：一个是"共同的目标"，另一个是"协同的意愿"。为了同时满足这两个互为前提的条件，就必须明确经理人员的职能，必须有经理人员的持续沟通，因此经理人员的职能是不可或缺的。

巴纳德不是那些站着说话不腰疼的学者，而是贝尔公司新泽西分公司的总经理。他并不想发表自己的学问，或者创立挂在自己名下的学科，他只想对企业里实实在在发生的事情进行理论性的系统思考，德鲁克说，"写书只是巴纳德的业余爱好"，这有点儿不尊重人的味道，他还说"斯隆长了一张马脸"。看来德鲁克调侃的指向性是非常明确的，但这两个人对于现代企业理论有着非常重要的贡献。

正是巴纳德的"业余爱好"，将理论与实践紧密地结合起来，才使他的思想更接近事实，更接近亚当·斯密的"现代思维"，即在企业内部排斥行政化的人为干预，充分释放每一个人"个性发展的力量"与"自由创新的意志"，也就是所谓的个性解放和思想解放，在此基础上，形成共同的目标和协同的意愿，为整个企业的有序、高效和持续发展做贡献。从这个意义上说，巴纳德把亚当·斯密的"现代思维"引入了企业内部。他告诫企业内部各级职业经理人员，要遵循"看不见的手"所体现的"现代思维"，去激活每个个体的协同意愿，所以，他的理论也被称为"协同组织理论"，而不是马克斯·韦伯所强调的"科层组织理论"。

1947年，也就是巴纳德出版著作后的第9年，赫伯特·西蒙出版了他的著作《管理行为：管理组织决策过程的研究》，他继承了巴纳德的创新思想，并获得了1978年的诺贝尔经济学奖。在后人看来,西蒙继亚当·斯密的"分工理论"之后,建立了"组织理论",使经济学有了完整的分工理论与组织理论,将亚当·斯密所揭示的现代思维,贯通到了企业内部。也就是说,企业内部依然需要遵循现代思维进行协调,以解放个性和解放思想,以获取企业内部有序、高效、可持续发展的动力。

按照西蒙的思想,企业中最重要的事情就是决策,任何决策都必须基于事实前提或者价值前提。因此决策不是一个简单的拍板行为,而是一个建立决策前提的过程。决策还要让更多的相关人员参与进来共同建立决策的前提,形成行动计划和实施方案。西蒙非常清楚,在这个过程中,行政权力和长官意志是行不通的。他讲过一句非常俏皮的话,"人有人的计划,牛有牛的计划,牛顽固地执行它自己的计划,使人的计划破产"。西蒙非常强调,企业的任何决策和决定,都必须落在执行者自觉、自愿、自动、自发的范围内,超出这个范围的决策和决定是无效的,往往会自取其辱。

管理从何而来

丹尼尔写过一本书《管理思想史》,书中只是按时间罗列了有关管理的一系列思想，连管理是什么都没有一个定义，更不要说梳理管理思想的脉络了。从这本书上我们可以粗略得出一个结论，管理有其名而无其实，不像经济学，非常明确，是一门经世济民的学问，而且传承有序、脉络清楚。孔茨花了很大的精力，企图捋清管理的脉络，结果应了古人的一句话，"剪不断、理还乱"，只能无可奈何地说了一句话，"管理进入了丛林"。这好像在说，学管理无异于进入丛林探险，能否学明白，只有天知道。这一点不需要考证，听听一些管理学者说出来的话就明白了，越说越糊涂，越说越玄乎。面对"管理丛林"，我们真正要做的事情就是回到事实层面，回到历史开始的地方，顺手把杂草拔干净就可以了。

管理为何物

一般的管理学者都不会问这样的问题——"管理为何物？"即便是言之有物的学者也不会问这样的问题——"管理为何物！"因为他们都清楚，"管理不是东西"，而是有关人的事情。只有德鲁克这样的管理学权威才敢说"管理是组织的一个器官"。器官肯定不是人与事，器官一定是物，具有物质属性。毫无疑问，这是一种比喻，比喻管理是组织或企业的一项职能。企业如同一个有机的生命体，需要有器官来维持生命体的存在与发展。但是德鲁克没有明确管理是五脏六腑中的哪个器官，不过法约尔说了，管理职能类似于人体的大脑和神经系统。

由此可见，管理这个概念非常抽象，没有明确对应的人与事，不能明确定义，只能打比方，这是管理作为一门学科的悲哀。在一浪高过一浪的管理热潮之后，管理丛林变样了，变成了莽野，全球几十万名管理学工作者，都拿着管理说事，说的还不是一回事，可谓"众说纷纭，莫衷一是"。

众所周知，要想明确一个概念，必须有对应的人与事。按照古人的说法，"言有宗，事有君"，说出来的话必须有依据，说出来的事必须有对应的人。既然管理不是人，也不是事，更不是"器官"这样的物，那管理到底是什么呢？我们只能说，"管理什么都不是"。既然如此，为什么历史上会产生管理这样的词语呢？

泰勒的管理事项

泰勒是"科学管理之父"，他写了一本书《科学管理原理》（1911年）。他所强调的管理内容，是"提高劳动生产率的事情"。由于围绕着提高劳动生产率要做的事情很多，因此他无法对这些事情进行概括，也就无法对管理进行定义，这有点儿可惜。

泰勒很清楚劳动生产率得到提高的起因是什么，泰勒就是工程师出身，属于最早进入企业的一批工程师，当时有一批机械工程师下到工厂，来帮助老板提高劳动生产效率，这批工程师后来被称为"效率工程师"。从时间上看，他们和美国铁路行业工程师干的是同一类事情，就是"向流程要效率"。用泰勒的话来讲，在生产作业流程中，凡是与最终成果无关的行为和资源投入，都是浪费或失效。

如果把"管理"替换为"经营"，行不行呢？完全可以，而且更加贴切或直接。因为效率工程师从事的是经营资源的事情，就是围绕着作业流程的调整和改善，合理配置资源和有效利用资源，其中包括提高劳动者的工作热情和技能水平，以及提高劳动者人岗适配程度，等等。

新古典经济学家马歇尔就讨论过这类问题，说企业除了生产三要素——资本、土地和劳动力，还有第四项要素——组织，组织就是在企业的平台上合理配置资源和有效利用资源。实际上这是经营资源的概念，是经理人经营人财物资源的概念。把经营资源的概念说成管理，是一件匪夷所思的事情。现在有些相关权威人士似乎明白了，按中国人的思维习惯与常识讨论企业经营问题，应该像日本那样，用"企业经营学"代替"企业管理学"。

在泰勒的提议下，美国机械工程师协会分离出来一个"管理分会"，后来就有了"美国管理协会"。如果当时的人理智一些，协会应该被命名为"美国经理人协会"。因为那些"效率工程师"从事的是企业运营或经营工作，并没有转变为"管理者"，而是转变为"职业经理人"，历史是不能随意篡改的。那"谁是管理者"呢？也许只有德鲁克知道，他在《卓有成效的管理者》中认为，"销售员也是管理者"。可是，人们习惯上认为销售员是"被管理者"。

法约尔的管理概念

法约尔写了一本书《工业管理与一般管理》（1925年），认为任何企业都存在六种基本职能，管理只是其中之一，此外还有技术、商业、财务、安全与会计职能。"职能"一般理解为职责、功能和作用，"职能部门"一般理解为承担某种职责、具有某种功能和发挥某种作用的部门。

摆在法约尔面前的难题，就是找不到"管理职能"的落脚点。如果落在部门上，那么"管理职能部门"究竟是什么呢？直到今天，任何企业都没有设置一个"管理职能部门"，因为习惯和常识都不允许。曾经有企业设置管理部，最终也撤了。管理部成了"不管部"，成了"什么都管的不管部"。

于是法约尔想到了，要把管理职能落在"职务"上。同样，习惯和常识也不允许把经理人变成管理者，直到今天，任何企业都没有管理者的职务称谓。我相信感到尴尬的不仅仅是我们,还有德鲁克。

不过法约尔还是在思辨逻辑上做出了一些解释,认为高层的职务担任者应该在管理职能上更多地发挥作用,而基层的职务担任者也要在管理职能上发挥一定的作用。不管怎么说,这种解释在逻辑上也算说得过去。

接下来更麻烦的是,那些职务担任者究竟在管理上应该承担哪些职责、具有哪些功能、发挥哪些作用?可以说法约尔是一个了不起的思想家和实践者,他创造性地指明了每一个职务担任者都应该具有的五项管理素养,这就是计划、组织、指挥、协调和控制。后来有人把这五项管理素养称为"一个过程的五个环节",任何人要想做成或做好一件事情,都必须把控好这五个环节。也许是出于这个原因,法约尔被划为"过程管理学派"。

然而,法约尔思想中真正重要的是14项原则,即企业经营过程中必须遵循的14项做事原则:分工、权力与责任、纪律、统一指挥、统一领导、个人利益服从集体利益、报酬合理、集权与分权、等级链与跳板、秩序、公平、人员稳定、首创精神、集体精神。

这14项原则是经营一个"传统企业"的实质性内涵,可以说,法约尔是"传统企业经营学"的集大成者。至于他为什么不用经营的概念,我们无从考证,只能猜测。也许西方社会比较时髦且流行的概念是管理，也许经营的概念产生于中国和日本这样的东方国家。

无论如何，管理的概念没有对应的人与事，这给法约尔阐述理论思想体系添了麻烦，也给后人理解法约尔的理论思想体系带来了麻烦。比如，孔茨就把法约尔的"五项管理素质"变成了"管理的五项职能"，出版了《管理学原理》（1968年）。再如，明茨伯格认为企业中的经理人不应该从事那些抽象的管理工作，应该从事一些更具体、更有意义的工作，出版了《经理工作的性质》（1973年）。有关这些大人物的思想，不再赘述。

德鲁克的管理学

德鲁克说，父亲曾经劝他，当一个商人，只要能挣钱，不管二流三流都可以过上很好的日子。如果想当一个学者，那就必须是一流的，否则就很难过上风光无限的好日子。

德鲁克很早就认为自己是一个使命在身的人，他要对社会产生深刻的影响。他选择了管理这个领域，从社会生态的角度去构建属于他名下的学科，这就是"现代管理学"，他也被东西方社会尊为"现代企业管理学之父"。不过，很多人认为德鲁克不是一位学者，而是一位天马行空的思想家，他博大精深的思想启迪了无数后人。为什么说他不是一位学者呢？因为他自始至终没有对"现代企业"与"管理"两个概念做出明确的定义。而且他把经济学和管理学做了切割，明确表示他当不了经济学家。他认为经济学是见物不见人的学问，而管理学是有关人的学问，有关人与人之间关系的学问。

也许是因为这种思想意识，他把现代企业管理的两项原则给弄丢了，忽略了现代产业社会物质财富涌流的根本原因，也忽略了亚当·斯密现代思维和巴纳德经理人职能的根本要求。

德鲁克管理学的核心内涵是使命、愿景、战略和价值观，由此解决了两个问题：一是管理的内容，包括管理者的职责、功能和作用，解决了管理学当中一直没有解决的问题，即管理者究竟应该做些什么事情；二是管理的合法性基础以及管理权威的来源。他认为企业只要遵循使命、愿景、战略和价值观，就可以行使合法的管理权力，而且权力的行使具有权威性，具有足够的影响力和支配力。

这就带来一个值得我们思考的问题，企业究竟是依靠使命、愿景、战略和价值观来创造财富，还是依靠分工与组织基础上的流程来创造财富？法约尔比德鲁克更清楚"分工与组织"的重要性，这不仅是现代产业社会的历史起点，也是现代企业创造财富的根本手段。他认为，分工与组织不仅是经济学"如何提高劳动生产率"的根本命题，也是企业"提高劳动生产率"最重要的管理工作。

另一个值得我们思考的问题是，企业是依靠合法性的权力，还是依靠沟通、协商和引导的方式方法，来调动工作者的主观能动性？斯隆显然认为是后者，他在通用汽车公司的实践，走出了一条合乎两条基本原则的道路。借用斯隆本人的话来说，通用汽车公司由此转变成了一个"现代企业"，从而与"传统企业"区别开来了。

有意思的是，德鲁克专门对通用汽车公司进行了18个月的调查研究，而且还拿着人家的工资，出版了《公司的概念》，构建了属于他自己的"现代企业管理学"。斯隆很不满意，当面指责德鲁克，认为这书是有害的，会误导后人，曾经一度禁止德鲁克的这本书在公司内部流传。斯隆还组成了自己的写作班子，其中有麦克唐纳和钱德勒，来告诉世人一个真实的通用汽车公司，这就是我们现在看到的斯隆传记《我在通用汽车的岁月》（1964年）。从中我们可以看到，斯隆的成功与他坚持两条基本原则紧密相关，斯隆还发展出了一套现代企业的经营体系及其方式方法。我们可以说，企业经营学才是名实相符的学问，才是与经济学紧密相连的、在微观层面上的经世济民的学问。

CHAPTER 2
第 2 章

向斯隆的职业
生涯学什么

有好友说我曾出版的"三个本质"的专著,即《企业的本质》《管理的本质》和《营销的本质》,没有一以贯之的案例。言下之意,理论和实践是脱离的,说更严重一点儿,就是没有实事求是。有了斯隆职业生涯的全景案例,我就可以按好友的意思写书了。过去是六经注我,现在是我注六经。倘若我把斯隆的经典案例解释错了,大家可以去看原著,予以斧正。

我们都是"追星族",都希望从成功人士那里学到点什么。有些企业的秘密是不公开的,我们无从学起。斯隆很特别,他所做的事情都是有案可稽的,不虚美,不隐恶,实录事情的全过程。可谓堂堂正正做人,明明白白做事。他的自传1953年就已经成书,并且他和书中提到的每一个当事人进行了核实。直到1964年,当事人都去世之后,他才同意出版发行,以免对当事人不利。1966年,他与世长辞,享年91岁。

流程是企业的命脉

作为一个职业经理人,应该如何向斯隆学习?我想按照前述的两条基本原则,对他的实践经验和理论思想进行梳理。

第 2 章 向斯隆的职业生涯学什么

效率工程师的天然本色

年轻的斯隆只是一位普通的大学生，有工程师的素养，有靠流程"降本增效"的意识。1895年，斯隆从麻省理工学院毕业，获得电子工程学士学位，是一位工程师，典型的理工男。那个时候他就在想一件事情：自己这一生应该在产业社会有一个什么样的位置。他可谓志向远大，无奈时乖运蹇，毕业后他找不到工作。在父亲的帮助下，在一家生产滚珠轴承的小公司谋了绘图员的职位，那年他20岁。

那家公司叫海厄特，老板叫瑟尔斯，公司规模不大，月销售收入2 000美元。员工只有25人，公司月工资开支是1 000美元。公司惨淡经营，濒临破产。斯隆和工作伙伴彼得一直试图帮老板出主意想办法，无奈老板看不上这两个毛头小子，听不进他们的意见。三年后海厄特公司宣告破产，斯隆劝父亲买下了这家小公司，斯隆当上了总经理，时年23岁。之后斯隆仅仅用6个月的时间就扭亏为盈，盈利12 000美元，很神奇，很不可思议。

一个23岁的小伙子有什么经验，有什么独到之处呢？他的成功一定是简单的，一定是普通人可以借鉴和模仿的，至少不会像理论上说的那样玄乎，让人如痴如醉、神魂颠倒。

斯隆有一个爱好，市面上所有商业报纸杂志他都阅读与浏览，他认为汽车是一个新兴行业，今后一定会大发展，由此决定把海厄特的滚珠轴承产品卖给汽车零配件制造商。这件事很简单，普通人都能做到，数以万计的小公司小老板，当然也都能学会，都能做到，花一点儿时间每天看看商业消息就可以了，用不了多久，对自己产品的出路就有了洞察力。千万别听那些企业战略学家的忽悠，以为这是一门大学问，那就上当了。有一则笑话：一只蜈蚣正在漫步，突然有青蛙问道，你每天早晨起来先迈哪只脚？于是蜈蚣开始摆弄它的脚，摆弄半天，和青蛙说，以后别再问这个问题了，我已经不会走路了。蜈蚣都会被忽悠瘸了，何况人乎。

中国到底有几家大企业，有几家小公司变成了大企业？听专家学者讲"大企业的战略"有意义吗？对斯隆而言，战略就是给自己的产品找出路，找合适的买家，与年轻人择偶择业一样简单。

如果说斯隆有什么特长，只能说他受过工程学方面的教育，是一个地道的理工男。他跟泰勒时期的效率工程师一样，懂得如何提高生产作业流程的效率。

他选定了汽车零配件生产商作为自己的客户之后，就下决心与客户同步成长，共同服务于汽车生产企业。他把滚珠轴承的生产作业过程，连接到客户的生产作业流程之中，用现在的话来说，就是"走进客户的价值链"，在改进自己产品

第 2 章 向斯隆的职业生涯学什么

的同时,帮助客户企业改进生产作业流程。这种做法也没有什么玄妙的,就是工程师"降本增效"的流程思维。

沿着这个流程思维,斯隆想到了,要积极参加汽车展销会,了解市场行情并结交汽车业的人士,聆听亨利·福特这样的大佬的教诲,了解他们在想什么、做什么。斯隆在汽车展销会上能做些什么事情呢?没事找事,尽量帮腔,只求别人不要嫌弃他,比如帮助客户企业宣传汽车的零配件等。

斯隆这种流程的意识和思维,恰好合乎了工业化发展的道路,与亚当·斯密"分工与组织"的理论开辟的工业化道路是一致的。令人遗憾的是,至今很多人不明白,为什么在工业化道路上,很多工程师背景的人都能取得极大的成功,比如福特、格鲁夫、韦尔奇、马斯克、任正非,等等。这也许是一个未被揭开的秘密,不少企业人至今还在热衷于文史哲,热衷于搞人际关系,这就是证明。可以说,斯隆在职业生涯中一路前行、不断成功的重要原因,是他的工程师的思维和素养,是他懂得向流程要效率,向流程要出路。

向流程要效率

斯隆在海厄特公司的成功,使他有了向流程要效率的经验与能力,有了通过打通流程来谋求更多利润的能力,这些被杜兰特看中了。毫无疑问,杜兰特看中的是斯隆挣钱的能力，斯隆的挣钱能力也就被认定为他的身价。

杜兰特是游说的高手，也是整合企业的高手，他不甘心就这样离开了通用汽车公司，○他想整合一家汽车的零配件公司，取名"联合汽车公司"，希望借此重新回到他创立的通用汽车公司。

杜兰特通过游说，创建了雪佛兰汽车公司。在此基础上，他以"换股的方式"把诸多生产汽车零配件的小企业整合了起来。可以说杜兰特是一个天才，"空手套白狼"的天才。

他想收购海厄特，直截了当地问斯隆卖不卖，要多少钱？斯隆也没客气，报价1 500万美元，最后以1 350万美元的价格成交。斯隆和他的父亲作为股东得到了1 000多万美元，成了名义上的富翁——拥有估价1 000多万美元的股票，而不是可以装在兜里的现金。斯隆真正得到的是"联合汽车公司"的总经理职位。斯隆很清楚，要想挣到现金，还必须继续努力。要是不加倍努力，挣不到钱，那他就只能走人了，这就是职业经理人的命运。对职业经理人而言，"顾客导向"是一句谁都明白的废话，"企业不以盈利为目的"是一句骗人的话，是无法接受的。

○ 1910年，由于陷入财务困境，杜兰特在通用汽车公司的经营权被波士顿财团接管。

第2章　向斯隆的职业生涯学什么

斯隆入主联合汽车公司以后，依然以流程的思维思考如何提高效率，如何增加利润。于是他就在公司的总部成立了"销售服务部门"，把零配件的生产对接到通用汽车公司的生产线上，并在底特律成立了一个技术服务小组，及时响应生产企业的需求，提高生产作业全流程的"通过能力和通过速度"。经过短短的一年时间，联合汽车公司的销售额就达到了3 360万美元之多。这听上去像一个神话，而背后的道理又那么简单。我相信斯隆是不会看亚当·斯密理论著作的，他遵循的只是降本增效的原则，从单个工人作业的"点效率"，到价值创造全过程的"线效率"，从中把握"降本增效"的机会，把握获取更多利润的机会。这很难吗？不难！有了效率和利润的意识，就不难。

亚当·斯密之所以了不起，就在于他遵循的是自然法则，告诉你挣钱的秘密就存在于分工与组织基础上的产品生产作业流程之中，与使命、愿景、战略、价值观没有任何关系。斯隆的理念是，"生活的主旋律就是挣钱"。

向流程要出路

亚当·斯密的理论，不仅指出了向流程要效率，而且指出了"流程就是出路"。人类社会就是从这样一个自然发展的逻辑中走出来的，从工厂制到公司制，从传统的手工业作坊到现代的规模化大工厂，背后的逻辑就是不断地向流程要效率、要利润。

斯隆在联合汽车公司总部设立了销售服务部门之后，所有零配件的小工厂小老板都看到了成效。所谓"成效"，就是提高了效率，增加了利润。斯隆顺势加强了公司总部的职能，这就使得整个公司有了灵魂，有了引导大家进一步发展的协调中心。这打破了整个公司原有的格局，原来那些小工厂小老板各自为政，不喜欢有人来领导他们，对他们指手画脚。现在那些小工厂小老板似乎明白一点儿了，需要公司化运作，需要一体化经营，才能共同创造出一个更好的未来。说白了就是创造出更高的效率、更多的利润。和那些小工厂小老板谈使命、愿景、战略、价值观，友谊的小船会说翻就翻。

公司有了协调中心的职能，斯隆可做的事情就更多了，这些事情看得见、摸得着，都是产品生产及其业务流程上的事情，都是可以提高效率、增加利润的事情，都是在投入产出上算得清楚的事情。方法也很简单，强化总部的参谋职能和专业职能，整个公司创造价值的能力自然就提高了。

斯隆进入通用汽车公司之后，他发现通用汽车公司的问题与联合汽车公司的问题是一样的，都是分工与组织一体化关系体系的问题，都是业务流程的见利见效问题。大约在1919年，他写出了《组织研究报告》。1921年，他正式对通用汽车公司进行改革，创立了举世闻名的"事业部制"，后面我们将进一步解释这一部分。

产业社会和企业之间是浑然一体的关系，产业社会的各种关系就是企业之间的关系。亚当·斯密揭示的产业社会的自然发展逻辑，就是企业的自然发展逻辑，而且斯隆的实践已经证明了这一点。让人百思不解的是，为什么有人要把经济学和管理学切割开来。

斯隆成功地打造了联合汽车公司之后，于1918年跟随杜兰特进入通用汽车公司，并成了公司的副总裁、股东，但他继续领导原来的联合汽车公司。从1923年开始，斯隆长期担任通用汽车公司的总裁及董事长，直至退休。他使公司从濒临破产，迅速发展成为世界上最大的汽车公司，他还创立了与现代社会相对应的"现代企业"，证明了亚当·斯密的两条基本原则是正确的，是适合企业发展之路的。

沟通是企业的动力

斯隆是一个很正直的人，他不喜欢私交，做事对事不对人。很多同事都不知道他的妻子是谁，有没有孩子。直到他的自传出版后，大家才知道他的家庭情况。他的这种品性决定了他的行为，平等待人，遇事好好商量，绝不强求。

责任关系上的沟通

斯隆在海厄特是很受伤的，老板瑟尔斯根本没有把他们两个毛头小子的意见和建议当回事，辜负了他们的良苦用心和一片善意。仅凭这一点，斯隆就知道这个公司没救了，自己在那里发挥不了作用，愤然辞职。两年后，听说海厄特老板不干了，宣布公司倒闭，23岁的斯隆就接盘当上了总经理。

这个时候的斯隆真正感受到了，无论是老板还是总经理，企业领导人应更多关注肩上扛的责任，而不是手中握有的权力。至少企业领导人承担着对股东的责任和对员工的责任，如果不能为股东挣钱，那就对不起股东。如果不能给员工正常发工资，那就对不起员工。不能错误地认为自己成了企业领导人，就有了对别人生杀予夺的权力。其实要是不挣钱，结果就会像瑟尔斯一样，只能灰溜溜地走人，如同俗话所说，褪了毛的凤凰不如鸡。

如果意识到企业领导人是一种责任，自然就能平等待人，而不是趾高气扬，高高在上。企业中人与人之间的关系，也就变成了"相互依存、相互作用"的共同责任关系或连带责任关系。自然，结果就是"去行政命令化"，平等待人，凡

第2章 向斯隆的职业生涯学什么

事要多沟通、多协商，力戒长官意志、独断专行。

斯隆曾经的搭档彼得离开公司时，斯隆觉得彼得离开的时机恰到好处，因为他很早就发现彼得销售的方式是不对的，不应该靠吃吃喝喝拉关系来搞销售，应该努力把自己的生产线与客户的生产线连接起来，打通产品价值创造的业务流程。用现在的概念来说，就是通过"营销"构建企业与客户之间的关系，而不是单单通过"销售"实现产品向货币的转换。然而斯隆并没有强势要求彼得改变，他很清楚，要想说服或改变一个人的习性是非常困难的，所谓江山易改，本性难移。彼得走了以后，斯隆才得以按照自己的流程思维做事，打开了海厄特走向未来的大门。可见斯隆很尊重身边的人，不会轻易否定他们做的事情，也不会强势要求别人按自己的想法去做。他知道每一个人都有长处，都有天赋，都有价值，都有能量，如果利用不好，副作用就很大。有一次德鲁克问斯隆，为什么在用一个人的事情上花这么多的时间？斯隆回答说，企业中没有哪件事情比用对一个人更重要了。

见利见效才能齐心协力

俗话说得好，"人心齐，泰山移"。打通产品价值创造的业务流程，不是个别人的事，不是少数人的事，而是全体人员的事，是全体人员的职责。即便不是，也必须把这个职责落实到全体人员，没有人可以置身事外，这才叫"连带责任体系"。斯隆入主联合汽车公司之后，那些小工厂小老板压根就没有把斯隆当作自己的领导，斯隆也没办法把他们看作自己的下属。他很清楚平等互利、构建连带责任体系，这是出发点也是落脚点。就像面对左邻右舍一样，任何人都不应该有优越感，只能用平等的姿态去表达自己的善意。斯隆放下身段，寻找为这些小老板做贡献的机会。他发现这些小老板在生产上都是一把好手，但是不懂得营销和销售，不知道要把自己产品的生产作业流程和通用汽车公司的生产作业流程连接起来，进而改进自己的产品及其生产作业流程，降低库存偏差，减少资金占用，提高运营效率，创造更多的利润。为此，他在联合汽车公司设立了一个销售服务部门，专门向这些小工厂小老板提供支持和帮助。这就是中国人讲的"己欲立而先立人，已欲达而先达人""成人达己，达己成人"。只有这样才能形成共同的价值立场，建立起沟通的桥梁，建立起连带的责任体系，共同去谋取效率和利润。

分工与组织的一体化关系体系的建立，背后涉及每一个人的利益，要是不见利不见效，说破天也是没人听的。有人说得好，如果不能让员工满意，要想通过员工让客户满意是不可能的。斯隆必须拿"销售服务职能"跟大家沟通，如何稳定客户关系，如何减少销售费用，如何减少库存和物料

第 2 章 向斯隆的职业生涯学什么

的资金占用,等等,并且还要计算出节省多少成本,提高多少利润。只有这样,那些小工厂小老板们才会积极响应,齐心协力去挣已经算出来的钱。沟通,就是在见利见效的具体事情上寻求共识,只有在讲得清、道得明的事情上才能达成共识。

斯隆的用心是很深的,建立总部的销售服务职能,可谓一石二鸟,他要在这个基础上培育总部协调中心的职能,建立整体和局部的关系体系,这是分工与组织一体化运营最重要的关系。正因如此,1919 年,斯隆在通用汽车公司完成了对这个命题的思考,1921 年,斯隆付诸实施,使通用汽车公司从濒临破产的状态,转变为一个真正意义上的"现代企业"。

心灵上的连接需要培育

人与人之间的协同,最难的是心灵上的沟通,彼此心领神会,才能配合默契,才会激发出全员的创造力和善意。可以肯定,企业的全价值链体系,一定是全体员工在天长日久的精诚合作过程中逐渐打磨出来的。

尽管斯隆具有联合汽车公司的实践经验,但进入通用汽车公司之后,他并不确信,各个事业部能否按照总体要求进行协同发展,因为那些事业部的经理们能力更强,想法更多,个个都是牛人。但根本问题是一样的,就是整体和局部之间的关系,斯隆由此创建了"事业部制",来处理这两者之间的关系,强调"集中政策条件下的各事业部自主经营"。总部由执行委员会和财务委员会牵头,负责制定、推行和落实政策。各个事业部努力应用资源、打造产品、创造利润,并按照政策的要求协同起来,形成争夺市场的整体合力。

斯隆很清楚,必须在见利见效的地方制定政策,这就是产品政策,以此界定清楚各个事业部产品的市场区隔,保证各个事业部有足够的市场空间,避免相互挤压、相互残杀,进而促进彼此协同、彼此帮助。

1920年,通用汽车公司的年销量超过39万辆,福特超过107万辆,整个汽车行业大约是230万辆。而且,通用汽车公司旗下的产品线非常混乱,布局很不合理,比如雪佛兰FB、奥克兰和奥兹莫比尔,彼此雷同,相互残杀。

为了制定产品政策,1921年4月,执行委员会在参谋部下设了一个"特别委员会",斯隆任主席,成员由资深的汽车经理人组成,主要的工作就是组织讨论,让各方把业务的全貌和所有已知信息都纳入讨论中。在此基础上,"特别委员会"又用一个月的时间完成了研究,6月9日发布报告,成为正式推行的产品政策。斯隆讲得很清楚,公司总部的主要职责就是制定、推行和落实政策,因此总部设有强大的参谋职能部门和专业职能部门，总部还会设置专门的委员会，来制定具体的政策以及行动计划和实施方案。斯隆花了很长的时间，和上上下下的相关人员沟通、讨论和协商，把大家的心连接起来。

新产品政策让通用汽车焕然一新，竞争的优势逐渐显现出来了，其中最重要的原因是，各个事业部之间形成了合作与协同关系，各工艺部门以及其他职能部门的协同效果也是如此，彼此之间有了合作计划，因此能在降低成本的同时提高产量。

1924年，斯隆跟凯特灵说，经过一段时间的沟通、讨论、协调和协商，大家的关系越来越融洽，各个事业部是完全能够按照总体政策的引导协同起来的："我们必须有耐心，我不认为那种带有更多命令色彩的方式能取得什么成果。我确信我们现在的方式更有效，随着时间的推移，我们将在现在这条路上走得更快更远。"

可以说，斯隆依靠沟通的方式，让整个企业协同起来，让整个企业按照整体利益最大化的要求运营起来，并培育出一种协同的企业文化，有效地激活了每一个事业部乃至每一个人的主动性、创造性与天赋，客观上与亚当·斯密的现代思维，以及巴纳德的经理人员的职能保持了高度的一致，开辟了"现代企业经营"的道路。

CHAPTER 3
第 3 章

构建分工与
组织关系

第 3 章　构建分工与组织关系

1918 年，斯隆跟着杜兰特来到通用汽车公司之初，看到的是一堆烂摊子，他很失望，一度想离开。但他静下心来思考后，发现通用汽车公司问题的性质和联合汽车公司是一样的，都是局部和整体之间的协同关系问题，都是分工与组织的关系问题，这就引起了他的兴趣，他开始寻找解决问题的办法。1919 年斯隆完成了《组织研究报告》，为通用汽车公司找到了出路。顺便指出，在写这份报告的时候，他请教了很多人，也查了很多资料，但最后一无所获，当时无论是学术界还是实践中，这个领域都是一片空白。

可以说，斯隆的研究是首创的，他的研究开启了"现代企业"的道路，告别了"传统企业"时代，使通用汽车公司跟上了现代社会的步伐。可以肯定，斯隆相信每一个员工只有在现代企业中工作，才能感受到自己是现代社会中的一个公民。而每一个员工的社会公民意识，才是现代企业可持续发展的内在动力，并支撑着现代社会的正常运行。

分工与组织的一体化关系

斯隆《组织研究报告》的基本内容是两项原则、五个目标和四条路径，而这三方面的内容，彼此在逻辑上是一致的。

这里需要说明的是，为什么斯隆的报告是"组织研究"，而不是"分工与组织的研究"。因为通用汽车公司是由20多家处在自然分工状态下的独立的子公司组成的，急需形成一体化运营的关系。斯隆强调的是一体化组织，但讨论的是分工状态下的组织，组织条件下的分工，两者相辅相成。就像亚当·斯密的分工理论一样，分工与组织是不可能分开的，两者结合才能提高效率，增加利润。

两项组织原则

两项组织原则是对立统一的关系，用斯隆的话说，两项组织原则看似矛盾，却是解开通用汽车公司困局的关键。

第一项组织原则是，绝对不应当限制每一个业务部门总经理的职能，以便使其能够充分发挥主动性并得到合理的发展。

第二项组织原则是，公司总部的整体协调职能要合乎逻辑地发展，以及有必要对公司各种活动做出适当调整，使各个业务部门的运营处在公司财务规范和统一政策的范围之内。

这两项组织原则明确了代表总部的执行委员会和财务委员会与各个事业部之间的责任关系，以及分工与组织的职能关系。所谓"职能"，就是职责、功能和作用。借用斯隆的话说，总部的职能主要是制定、推行和落实政策，事业部的职能是应用资源、生产产品、创造利润。对一个企业来讲，既要不断强化总部的职能，又要发展而不是削弱事业部或业务部门的职能。

总部和事业部之间是对立统一的关系。统一的基础是效率和利润，是整个公司的有序、高效和可持续发展。统一的方式方法就是沟通、协调、协商和引导等。应避免采用行政命令的方式，以唤醒每一个人的良知和良心，激发每一个人的智慧和善意，保持企业内在的活力。

斯隆很清楚，不能跟在亨利·福特后面亦步亦趋，简单模仿是没有出路的，必须反其道而行之，扬长避短，闯出一条完全不同的道路来。用他的话来说，必须在"经营哲学"上完全不同于福特公司，必须发挥各个事业部总经理的才能，他们是百战余生之人，具有丰富的实战经验，具有过人的智慧和胆略，还有强烈的独立经营意识。这是通用汽车公司独特的优势资源，也是打败福特公司的基础条件。因此，在通用汽车公司构建整体和局部关系时，必须首先确立原则，以发挥和发展这些优势资源和基础条件。

接下来，要保证"整体大于局部之和"，就要确立第二项组织原则，或者说第二项"分工与组织"的原则，不断强化公司总部制定政策的职能，以及对各部门的运营纠偏的职能，包括发现问题、寻找原因、纠正偏差。

在斯隆的意识中，总部和事业部之间的责任关系是共同的，是可以在谋求共同利益的过程中，通过沟通和协商消除矛盾和冲突的。尤其在政策的制定、推行和落实过程中，完全能够按照公司利益最大化的要求进行沟通、消除矛盾、达成共识、展开协同。由此发展出来一套与"现代企业运营"相适应的沟通方式和方法，实现"两项组织原则"的对立统一，并使总部职能和事业部职能同时得到强化。

可以说，斯隆首创了现代企业的运营模式，开创了依靠现代企业支撑现代社会正常运行的时代。借用斯隆的话来说，他的《组织研究报告》最终将通用汽车公司与美国钢铁公司、联合制铜公司、联合碳化物公司、联合化工公司以及当时的其他工业控股公司区别开来，使通用汽车公司成为后来诸多美国企业模仿的对象。

现在很多中国企业中流行一个概念"顶层设计"，顶层设计其实就是确立组织原则，确立分工与组织的原则，尤其是整体和局部之间的分工与组织原则，以及在这个原则下构建共同的责任关系体系。分工与组织原则决定了一个企业的性质，是一个企业不可更改、不可动摇的根基，也是"提高效率，创造利润"的永恒主题。如果把使命、愿景、战略、价值观作为"顶层设计"的内容，企业难免根基动摇、大厦倾倒。

五个组织目标

为了使两项组织原则具体化，斯隆又明确了五大组织目标。

第一个目标是，界定各分部之间的业务职能关系，同时界定总部与各分部之间的业务职能关系，使整个公司的业务职能形成一个一体化运营的整体。在这里，斯隆强调的是要构建分工与组织一体化运营的关系体系，形成相互依存和相互作用的业务职能关系体系，目的是提高整个公司整体运营的效率和创造利润的能力。

第二个目标是，确定公司总部的领导地位，并使总部的领导地位与公司的整体利益相一致，确保总部能以必要且合理的方式运行。后来的实践表明，斯隆强调的是公司总部必须是整体利益的代表，必须依靠强大的职能，也就是履行职责的意愿和能力确立领导地位，使总部集体制定的政策具有权威性、先进性和可行性。依靠沟通和协商的方式，而不是指挥和命令的方式，促进整个公司按照见利见效的要求协同起来，按照有序、高效和可持续发展的要求协同起来。

第三个目标是，公司的所有经营业务职能的确立与运营，必须集中统一于首席执行官即总裁之下。也就是说，总裁对公司整体运营的各个方面和相关事项负有最终的责任，发生任何问题和麻烦，总裁都有不可推卸的最终责任。总裁必须时时刻刻关注公司运营的状态和结果,必须及时发现问题,解决麻烦。总裁必须关注公司总体经营业务的状况,上下关注到底,左右关注到边。任何涉及经营系统的有序、高效和可持续发展的问题与麻烦,都必须想办法及时予以解决。总裁必须建立强大的职能,有效地履行职责而不是推卸责任或寻找替罪羊。

第四个目标是,将直接向总裁报告的经理人数限制在可行的范围之内,确保总裁能够集中精力制定政策,指导广泛的公司经营业务,而不必事必躬亲,去处理那些可以委托给下级经理人员的事情。这意味着总裁必须专注于政策的制定、推行和落实,必须把握关系全局和发展的成败关键,必须在一个时期重大的见利见效的事项上下功夫。

这也是政策和战略之间的根本区别,即依靠政策把握重大的改进机会,群策群力,循序渐进,引导企业创造更好的未来,创造更好的自己,而不是依靠少数人的洞察力,去洞察外部的、未来的、可能的机会,并像小说家一样描述无法确定的前景,美其名曰"战略规划与路径"。这不禁让人想起画饼充饥与望梅止渴的故事。一些老板会很自信地说:"我的战略没有问题,只是下属执行有问题。"而下属一旦逼急了只能辞职:"尊敬的老板,你画的饼实在咽不下去,就此请辞。"

第五个目标是,鼓励每一个部门按照公司政策的要求,以顾问的方式对其他部门发表自己的意见,促进各个部门之间的沟通与交流，使各个部门协同起来，沿着有利于整个公司的路线运行。

斯隆强调以顾问方式发表意见，就是提出问题，分析问题，解决问题。就事论事，实事求是，没必要把事情和人扯在一起，更没必要把人和价值观扯在一起，导致沟通与交流变得困难。

四条组织路径

四条组织路径的实质，就是把企业内部的方方面面梳理清楚，按照"两项组织原则"和"五个组织目标"，进一步梳理清楚各个方面之间的相互关系。

第一条组织路径，对各运营分部进行重新归类，形成"虚拟业务集团"。也就是把经营业务部门进行归类，以"虚拟业务集团"的方式合并同类项，以便区别对待，更有针对性地进行治理和运营。

第二条组织路径，在公司总部设立四个"虚拟业务集团"与"虚拟业务集团副总裁"，确保预期的"分工与组织关系"在经营实践过程中能够逐渐形成，同时减轻总裁的压力。

第三条组织路径，扩展公司总部的参谋职能，并将下属办事处下沉到各个事业部。也就是让公司总部的各个参谋职能部门下设办事处，向各个事业部渗透，形成公司总部自上而下的参谋职能体系，上情下达，下情上达，强化沟通交流的效能。

第四条组织路径，扩大财务和会计部门的职能，打通财务和业务之间的信息通道。用现在的行话来说，就是业务财务一体化，以便总裁掌握公司整体业务的运营状况，有效地履行总裁不可推卸的最终责任。

如何对通用汽车公司杂乱无章的经营业务进行梳理和治理？斯隆采用的方式，就是按照一体化运营的"组织原则和组织目标"进行分类，将经营业务分成了四个板块，即整车、零件、部件和杂项。这样就容易在四个板块的聚类条件下，把业务部门之间复杂的关系梳理清楚，同时还能梳理清楚这些业务部门与总部之间的关系。对斯隆而言，最现实的问题是，整车业务板块和零件、部件业务板块之间是什么关系，如何强化它们之间的关系；杂项业务板块究竟要不要保留，如何保留，如何舍去。这些业务板块弄好了都是资源，弄不好都是包袱。

既然是为了构建分工与组织的协同关系，事情就变得明朗了，凡是生产和销售整车的业务部门，都归入"整车业务板块"，进而通过进一步的观察和分析，调整或加强整车业务板块的职责、功能和作用。

接下来也清楚了，主要为整车业务板块提供零部件的业务部门，就归入"部件业务板块"，并依靠公司总部花大力气去调整和扶持这个板块的业务，强化这个板块的经营职能，

第3章 构建分工与组织关系

提高它们承担经营责任的意识和能力。

生产的零部件主要供应外部汽车生产企业的业务部门，就归入"零件业务板块"，对于今后的发展方向和调整重点，需要进一步重新考虑。

最后剩下的是那些与整车生产和零部件生产没有关系的业务部门，其业务包括拖拉机和电冰箱业务、海外活动业务和通用汽车承兑业务等，这些只能归入"杂项业务板块"。毫无疑问，这些都是面临关停并转的业务，需要有人花时间去考虑。

斯隆为了在日常经营过程中培育、调整和强化这些分工与组织的协同关系，于是就把四个业务板块设想为四个"虚拟业务集团"，并设置了四个"虚拟业务集团副总裁"。

"虚拟业务集团副总裁"作为一种临时性的虚职，其具体的职责是顾问性的，确保各种业务体现公司总裁、董事会、财务委员会和执行委员会的政策。"虚拟业务集团副总裁"不负责日常经营，作为一个"个体"，他以顾问的身份监督各个业务部门的经营；作为一个"集体"，他协助公司总部制定政策。

对公司总部而言，四大"虚拟业务集团"或四大"业务板块"的划分，不仅使整体业务的分工与组织关系清晰了，而且使"虚拟业务集团"内部的业务关系也变得清晰且简单了。比如"部件业务虚拟集团"，其内部的各个业务单元都是生产和制造，纯粹而简单，并且相互独立运营。每个业务单元的总经理可以一竿子插到底，对经营的全过程以及经营的成败承担全部责任，既经济又方便。公司无须将各个业务单元进一步整合为一个大型的业务部门。各个业务单元无论规模大小，业务单元的总经理都能独当一面，只需要服从"部件业务虚拟集团副总裁"以顾问方式进行的协调就可以了。

很多企业不知道，"分工与组织"既是一个名词，又是一个动词。作为一个名词，指的是一种状态——一种分工与组织的状态；作为一个动词，指的是一种行为——一种分工与组织的行为。斯隆通过研究，把通用汽车公司应有的分工与组织状态进行了描述，它集中体现在"组织原则"和"组织目标"上。为了实现这种状态，必须进一步对行为做出描述，这就是"组织路径"。可以说斯隆的《组织研究报告》是一份典型的行动计划和实施方案，很好地呈现了"分工与组织"是企业经营的一项基本职能，也是管理学科所忽略并缺少的一项基本职能。

只有像斯隆这样工程师出身的人，才能敏锐地感知到，企业经营体系的功能是建立在各个模块相互依存和相互作用的结构性关系之上的，是建立在各个业务模块和业务单元的分工与组织关系之上的。也只有像斯隆这样具有工程师素养和思维的经理人，才会对企业经营系统进行梳理和规划，用于指导实践行动，依据客观现实进行理性思考，谋定而后动。1921年1月的通用汽车公司组织图如图1所示。

第 3 章 构建分工与组织关系

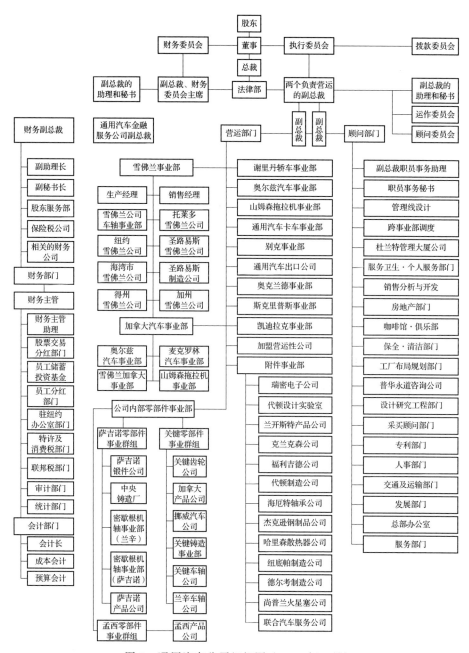

图 1 通用汽车公司组织图（1921 年 1 月）

强化公司总部的职能

对斯隆来讲,通用汽车公司的未来出路,就是强化公司总部的领导地位及职能,构建分工与组织的一体化关系体系,在强化事业部活力的基础上,形成整体的协同效能。

从组织研究到组织建设

1921年,斯隆的《组织研究报告》中的产品政策被批准推行,这意味着"组织研究"阶段结束,开始了"组织建设"阶段。

要把"组织研究"转化为"组织建设"是很难的。用斯隆的话说,组织形态将发生怎样的实际变化,并不能从这份《组织研究报告》的逻辑中推演出来。比如,哪些部门职责应该保留,哪些事情需要协作,相应的政策制定和政策执行又涉及哪些内容,等等。说白了,思考和行动是不同的:思考是理想的,是有逻辑的,是抽象的;行动是具体的,是现实的,是混沌的。有一句话是这么说的,逻辑上说不通的事情,现实一定走不通;逻辑上说得通的事情,现实也未必走得通。

当时通用汽车公司的领导机构执行委员会并没有能力担当这个重任,执行委员会的4位成员都是"轿车运营的门外汉"(斯隆自己调侃)。董事长杜邦没有亲自抓过运营,拉斯科布是搞财务的，哈斯凯尔也没有直接参与过运营。最后就是斯隆，用他自己的话说，他和汽车行业走得最近，尽管一直在这个行当里干，但是他的汽车运营经验也很有限。

最后，公司运营的最高职责实际上落到杜邦和斯隆两个人身上。两个人只能勉为其难，共同扛起责任。斯隆作为杜邦的主要助手，和杜邦一起工作，一起出差，每隔两周就去一次底特律，和运营经理们开会。6个月之后，斯隆成为公司主管运营的执行副总裁，直接向杜邦汇报。

新执行委员会异常勤奋，在1921年的一整年里，正式会议就召开了101次，不仅处理了许多紧急问题，而且还讨论了公司的长远发展。执行委员会的4名成员还经常出差去拜访各个事业部及其工厂。

斯隆很清楚"组织研究"只是他心中的蓝图，他必须要有耐心去寻找"组织建设"的切入点。

组织建设的切入点

企业中的事情就是这样，改革容不得大刀阔斧地全面展开，只能从"见利见效"的事情入手去改善，只能在逐渐改善的过程中，有理有利有节地引导事情向"组织研究"的蓝图转化。

摆在大家面前显而易见的事情，就是处理和改善各事业部的库存问题以及产销衔接的问题。显然这是业务流程问题，是分工与组织的落脚点，是通过分工与组织向流程要效率、要利润。分工与组织作为企业经营的一项基本职能，必须在业务流程上找到效率和利润的来源。

接下来自然的选择就是，让大家想办法去打通业务流程，减少库存，减少库存资金占用。摆在每个事业部面前的是拓展市场、提高销量，而不是降低产量。由此给总部、执行委员会提出了要求，要求总部制定相应的产品政策，使每一个事业部都有对应的市场，并且具有独立且足够大的市场空间。到了这个时候，通用汽车公司的"组织建设"才真正开始了，这就是围绕着公司政策的制定、推广和落实，强化公司总部的职能。

强化公司总部的专业与参谋职能

于是，斯隆成立了专家参谋职能机构，加强总部的领导力量，主要是执行委员会的领导力量，提高各项政策和规则的可行性与权威性，同时加强总部对各事业部的指导力量，为各事业部提供技术性和商业性的咨询服务。专家参谋机构的研究内容很广泛，并不限于现有的业务范围，大家确信，深入开展这种研究，将对所有的业务起到重要的指导作用。

组织研究和组织建设最重要的工作，就是区分各种职能部门之间的关系，尤其是区分"专业职能部门"与"业务职能部门"之间的关系，否则两类部门就会背道而驰，相互打架，彼此诋毁。

斯隆一开始就非常明确，专家参谋职能机构的性质是"顾问"，各事业部可以按照自己的意愿做出决定，对专家意见可接受可拒绝，但必须服从总裁的监督与协调。

随着时间的推移，公司总部的专家参谋职能机构逐渐发展起来，开始以"参谋办事处"的方式向各下属机构渗透。

顺便提一下，1921年，董事长杜邦也做了一些组织上的调整，把税收和保险两个处划归财务总部，并设立了雇员奖金和统计处。同时，审计办事处被分为三个部门，分别为一般会计部门、成本会计部门和拨款会计部门。总部专家参谋职能机构向下渗透的结果是，形成了自上而下的专家参谋职能体系。

在此基础上，执行委员会建立了一个庞大的"运营委员会"，由各事业部总经理和重要的参谋职能机构的专家组成，负责为执行委员会提供建议并协助其工作。各事业部在运营委员会和参谋职能机构的帮助下，负责大部分的日常运营事务。对此，杜邦非常满意，认为90%的问题不需要经过执行委员会来解决，这样执行委员会的委员们就可以充分研究总体业务规程以及制定公司的总体政策，把具体运营和实施的担子交由直线经理、参谋人员和财务部门。

与此同时,总部的财务和审计部门也得到了加强。杜邦公司的前任财务经理布朗成为财务副总裁,同时,公司引进了一名统计学家和一名经济学家,成立了新的统计部门。很快公司总部就理顺了财务、会计和审计系统,并处理了公司长期存在的财务和库存问题。

公司参谋总部下属的"参谋办事处"也配置到了各个专业职能机构,其中包括由凯特灵领导的工程研究部、生产处、工厂布局处与专利部,还有新成立的"销售分析与发展处",负责人是原来福特公司负责销售的霍金斯,等等。同时执行委员会对各事业部经理进行了重大人事调整。到1921年末,斯隆的组织建设计划大多付诸实施了。

接着,执行委员会还对以下三个问题进行了深入的思考。

第一,如何界定各事业部业务活动的范围,以使每个事业部的活动成为其他事业部更有效的补充。

第二,如何使流经新的组织结构的信息更准确和更有效。

第三,如何进一步建立沟通渠道以使总部的经理人与事业部的经理人更有效地协同工作。

这三个问题依然是整体和局部以及局部之间的关系。说白了,就是如何让各个事业部能够像一个真正意义上的独立的企业一样运行起来,有自己独立的经营空间和发展空间,同时和其他事业部之间又能够相互依存、相互作用,在公司总部政策的引导下,协同起来共同争夺市场。毫无疑问整个公司的优势资源和基础条件还是在各个事业部,还是要强化各个事业部一体化经营的能力。

强化事业部的职能

斯隆明确要强化公司总部的两项职能,即参谋职能和专业职能,帮助执行委员会履行政策的制定、推行和落实的责任。1921年,公司在制定产品政策的时候,参谋职能部门就需要帮助执行委员会进行广泛而深入的沟通和协商,最后形成切实可行的政策和策略,并且斯隆明确强调要开发出与市场相对应的产品,尤其是在低端市场上提高雪佛兰产品的性价比,与福特的T型汽车展开正面竞争。这就需要在公司总部建立专业职能部门,从事技术和产品的研究与开发,以强化各个事业部的职能。可以说,总部和事业部之间在职能上相互依存、相互作用。

提高事业部的产品开发能力

通用汽车公司很早就把技术与产品的研发职能与事业部

的经营业务职能做了区分。1911年，亚瑟·利特尔成立了一个通用汽车实验室，主要进行材料的分析和测试。但当时的主流研究则来自代顿实验室，该实验室从事汽车领域的开发，领导人是凯特灵。大约在20世纪20年代初通用汽车公司就组建了研究部，10年之后又组建了工程部。到了60年代，有了研究实验室、工程部、制造部和外观设计部。

1921年，通用汽车公司的产品政策明确指出，公司的未来及其盈利能力将取决于它是否能够以最低的成本，设计并批量生产出高效用的轿车，并为雪佛兰在低档的福特轿车与中档轿车之间拓展更大的市场空间。

斯隆从入主通用汽车公司开始，就密切注意消费者对福特汽车的种种抱怨：发动机功率不足，上陡坡时经常熄火；三挡变速箱传动缓慢，还经常卡住；实心的橡胶轮胎毫无舒适感，遇到颠簸的路段就像坐过山车一样；颜色单调的车漆，只有黑色，人们在热闹的停车场往往找不到自己的汽车；汽车内饰毫无美感，车窗需要手动降落，等等。

于是，公司总部在产品发展上做了一系列重要的决策。

第一，研发高"压缩比"的发动机，提高发动机的效率。这一研发任务落在了通用汽车首席研究员凯特灵身上。凯特灵带领着助手小托马斯，经过4年的不断实验和测试，研发出新型燃料——在汽油中添加四乙铅，解决了发动机的爆震问题。同时，通用汽车与新泽西标准石油公司合作，共同制定汽车的燃料标准。

与此相关的还有研发了"曲轴平衡器"，曲轴平衡器首次用于1924年的凯迪拉克发动机，使发动机的压缩比从初期的4∶1，提高到现在的10∶1甚至更高。

第二，研发变速器，提高汽车的性能。经过几年的努力，通用汽车开发出了"自动变速器"。1928年，这项重要的开发成果应用到了凯迪拉克中。

第三，研发低压轮胎和悬挂系统，提高乘坐的舒适性。公司的"综合技术委员会"从一开始就和轮胎行业保持密切联系，在轮胎尺寸标准化以及轮胎的最佳类型、胎面和断面等方面展开了合作。

另外，通用汽车邀请法国工程师杜本内和劳斯莱斯工程师奥利加入公司凯特灵团队，一同研发"独立悬架系统"和舒适的座椅。不久之后，1934年生产的雪佛兰，进一步改进了悬挂系统，并且造价更低、制造更便利、运行问题更少，很快被通用汽车所有的轿车采用。

第四，研发表面油漆，使轿车的外观更漂亮。斯隆曾经说："如果我们能开发出一种表面油漆，它在各种天气情况下不褪色、不掉漆，那该是一件多么美妙的事情。优质、快干的表面油漆能对我们的开发进度以及与之相关的生产成本，带来革命性影响。"1921年"油漆和面漆委员会"成立。1924年，第一辆使用杜邦硝基漆的奥克兰"真蓝"轿车面市。

提高事业部的生产工艺能力

通用汽车公司各个事业部的产品竞争能力取决于两个领域：第一个是以产品研发为中心的活动领域，简称R&D；第二个是以产品制造过程为中心的活动领域，主要是生产工艺路线的研究和开发，几乎涵盖生产制造过程的各个方面，即从原材料进入工厂到成品出库的整个过程，包括机器和工具的设计、生产线的布局、原材料处理、工厂维护、设备维护、工作标准与方法研究、材料利用，以及制作过程和设备的研制、最终装配和产品检验。这些活动的总体目标是改善产品品质、提高生产效率和降低制造成本。

原来这些专业职能的工作，都是分散在各个事业部进行的。1945年，公司的高层经理人孔克尔认为，需要有一个工艺流程方面的专业职能部门，像产品研究与开发那样，对生产工艺路线的全过程进行研究和开发。因为汽车的生产制造正在迅速变成一个越来越棘手的过程。这个过程需要持续研究与开发新材料、新机器和新方法，需要不断听取专家的意见与建议，需要更多的专家参与其中，因此需要在公司的层面上成立一个专业职能部门,来承担研究和开发生产工艺路线的责任。从道理上说,由这样一个公司层面的专业职能部门承担这项职能的效果,一定会比各事业部分散承担效果更好。

负责流程开发的罗伯特·科里奇菲尔德认为,"通用汽车公司有了对生产工艺流程进行研究和开发的专业职能部门,使公司上下对生产制造领域有了更加深刻的理解和追求。并且在降低生产成本、建造更好的机器、改善工厂布局和设计更好的工厂方面,形成了许多实际要做的事情,而所有这些正是生产工艺专业职能部门做出的主要贡献"。

提高事业部的市场开拓能力

1920年以前,通用汽车公司与经销商的沟通状态,似乎仅限于销区经理与经销商的接触,主要是洽谈销售业务,解决一些经销业务上的麻烦与问题。

斯隆主持通用汽车公司的运营工作以后,发现很多问题都与公司对经销商的政策有关。这些问题在销区业务经理层面无法解决,他们甚至无法做出令人满意的解释。

1934年,斯隆把众多经销商代表邀请到通用汽车来开会。同年,创建了"通用汽车经销商顾问委员会"(简称"顾委会")。

顾委会最初由48位经销商组成，他们分成4组，每组12人，和通用汽车公司的高层一起开会，就经销商政策问题进行持续的圆桌会议。顾委会成员中的经销商代表，一直由通用汽车公司任命而非选举产生，代表经销各个事业部产品、各个经销区域以及不同投资体量的经销商。斯隆为公司总裁兼任顾委会主席，负责分销职能的副总裁以及一些高层经理也是顾委会成员。

顾委会的首要任务是，制定整体政策来改进经销商关系，议题集中在"销售协议"上，确保销售协议更加公平合理。当时，通用汽车公司销售协议框架下的特许经营，每年支撑的零售业务规模高达180亿美元。

除此之外，顾委会还要处理一些更为具体且细致的政策性问题。比如，"销售协议的取消"问题，这对于经销商和生产商来说，都是一件严重的事情。

1927年，通用汽车公司成立了"汽车会计公司"，帮助所有经销商建立标准的会计系统与审计系统，并帮助他们提高会计和审计的能力。同时，通用汽车公司增加了对经销商的抽样审计工作，定期审计大约1300家经销商的会计记录。此外，还要处理83%经销商的月度财务报表，所涉金额约占当月96%的销量。这些使得通用汽车公司的各事业部和总部能对分销系统的全貌看得一清二楚，并能知道哪儿有不足、如何解决。经销商也可以厘清自己的业务头绪，把控库存及物流的实际情况，及时发现运营中的问题，并在其造成伤害之前进行修正。最重要的是，这些使得通用汽车公司掌握整条价值链的运营数据，知道各个经销商是资源不够还是能力不足，从而为进一步帮扶经销商指明了方向，奠定了基础。

1929年，通用汽车公司成立了"汽车控股公司"，给经销商提供资金，并作为经销商的投资人或股东，承担相应的权利和义务，不仅为经销商提供资本，还提供有关合理化运营的建议和培训。

这个方案的关键在于，找到有能力的经销商，给它们提供充足的资金支持，并帮助它们挣到足够多的利润，同时使汽车控股公司能够回收投资，并获得一定的投资利润。

1938年，通用汽车成立了"经销商关系理事会"，扮演审议机构的角色，确保经销商的抱怨能够直接反馈给公司高层。斯隆是该理事会的第一任主席，理事会成员中还包括公司的其他三位高层领导。这样使通用汽车公司和经销商之间的"沟通方式"更加系统，更加有效。

最终，通用汽车公司推出了"销售四原则"，即"分期付款、旧车折价、年年换代、密封车身"，与经销商协同起来，共同开拓市场，打败竞争对手。

CHAPTER 4
第 4 章

利益的分配

第4章 利益的分配

企业中人与人之间的关系，说到底是分工与分利的关系。如何分利涉及三个概念，即工资、奖金和股权，针对三者的分利，通常称为工资分配、奖金分配和股权分配。

在企业实现了经营权和所有权分离之后，所有权就不再自然派生出用于维护资本所有者权益的所有权。资本所有者或股东只是企业的利益相关者之一，主导企业利益分配的是执行委员会以及斯隆这样的职业经理人阶层。职业经理人阶层拥有的是经营权，并受企业有序、高效和可持续发展的客观要求所制约。

企业必须在尊重个人利益的基础上，通过沟通、交流、协商与共识，形成一项项决策和选择，实现利益的共享。这样做也许花的时间会多一点儿，但有利于培育企业客观公正的文化，获得普遍的协同意愿，最终使经营业绩形成良性循环。

工资的分配

工资是员工生活的保障，是全体员工关心的头等大事。稻盛和夫非常清楚这一点，强调公司永远是员工生活的保障，保障员工的生活，唤醒全体员工的良知和良心，让全体员工共同为企业的发展做贡献。

小时工资的确定

经典理论认为，应该按照劳动时间计算工资，这就是"小时工资制"或"时薪"。同时，按照劳动力再生产所需要的生活成本，确定单位时间劳动力的价格，确定工资水平的高低或工资的多少。

从20世纪30年代开始，斯隆就想以科学理性的方式来确定每年"时薪"的水平及其涨幅或降幅，而不是通过一年一度与工会的谈判来确定"时薪"，避免劳资双方情绪化的冲突。

斯隆相信，只要劳资双方能够用理性的方式确定工资，公司就有机会改善经营，维持"员工、股东和消费者"三者利益的动态平衡。

1935年，斯隆想把工资的调整与生活成本的变动挂钩，以保障员工的生活。具体方法就是依据劳动统计局的"各地生活成本指数"来确定工资分配的公式。

大约过了5年，1941年，斯隆对理性的公式做出了进一步的修正，强调如果生活成本提高了，那么就依据公式调高工资；反之，则调低工资，不过工资降幅小于前一次工资涨幅，以确保实际工资的长期增长。斯隆认为，工人有权享受这种待遇，产业界也有责任通过技术进步创造更多的财富，实现工资的可持续增长。

也就是在那一年，通用汽车时任总裁查尔斯·威尔逊，也对工资调整提出了两个新的观点：第一，工资调整与全国消费者物价指数挂钩；第二，让员工从生产力的提高中获得实惠，确定每年固定的加薪比例。

劳资之间的对立统一

工会一直没有接受"理性的时薪公式"，1945—1946 年，爆发了长达 117 天的大罢工。工会坚持主张工资的增长与公司的支付能力挂钩，公司挣的钱多了，就应该给员工多发工资。

1948 年，劳资谈判持续两个月后，事情有了转机，工会同意工资计算公式，劳资双方签署了协议，员工年度"固定的加薪比例"为每小时 3 美分，而生活成本的基准年份为 1940 年，那一年物价水平比较稳定。

斯隆认为，每年增加时薪 3 美分，这一水平取决于技术的进步，如工具、方法、流程和设备的改进，以及相关各方为此秉承的合作态度等。依靠同样的人力，获取更大的产出，这是一个合理的经济和社会目标。多年来，美国生产力的年增长率大约为 2%，因此，通用汽车公司时薪在 1.49 美元的基础上增加3美分，即增加2%，这和美国生产力的年增长率是一致的。另外，斯隆认为，生产率提高所带来的恩惠，应该在消费者、劳动者和股东三者之间进行分配，应该让消费者获得更低的价格或者更好的产品，让劳动者获得更高的工资，让股东获得更好的投资回报。

对工会承诺每年增加时薪3美分，即增加2%，有利于改善劳工家庭的生活，赢得劳工的信任和支持。然而对经理人阶层来说，这增加了经营上的压力，经理人必须努力提高劳动生产率，提高企业的盈利能力。斯隆认为这是可以做到的，通用汽车公司的增长速度可以达到美国生产力的年平均增长速度。后来几十年的事实证明，通用汽车公司做到了。

1955年，斯隆为了避免技术员工受到工资平均化的影响，又安排了技术员工的特别加薪。技术员工或复杂劳动的工人，他们的劳动力形成以及劳动力再生产需要的成本更高，他们在劳动力市场上的价格更高，所以需要适当提高他们的时薪。

在如何确定工资这件事情上，斯隆在通用汽车公司前后用了25年，逐渐地把工资计算的公式调整得更加完善。截至1963年，自1948年这个方案实施以来，通用汽车公司再也没有发生全国性的劳工大罢工。事实表明，用客观公正的方

第4章 利益的分配

式方法，是可以妥善处理人与人之间的利益关系的，斯隆相信每一个人都有良知和良心，企业当局必须拿出足够的诚意和耐心，客观公正地处理人与人之间的利益关系，并依靠人与人之间的真诚合作，谋求企业更大的发展和更多的共同利益。这也符合泰勒"劳资两利"的"馅饼理论"，即通过劳资之间的协同把馅饼做大，从而使馅饼的分割变得容易。

有一种观点认为，斯隆的工资计算公式为日后通用汽车公司"申请破产保护"埋下了伏笔。这是不公正的，斯隆在通用汽车公司45年，通用汽车公司不仅打败了福特汽车公司，而且成为全球汽车行业的龙头老大。斯隆在长达几十年的时间中，有效地平衡了股东、消费者和员工的利益关系。

通用汽车公司申请破产保护，是2008年全球金融危机发生后的事，也是通用汽车公司诞生100年后的事，这与斯隆的工资计算公式没有直接的关系。在斯隆看来，提高工人的生活水平，提高企业创造价值的能力，是职业经理人阶层应尽的责任和义务。让通用汽车公司背上沉重的包袱，让工人退休后还能拿到75%的工资，这与斯隆也没有关系。退一步说，斯隆有天大的本事，也无法对100年间的通用汽车公司以及100年后的全球金融危机做出安排。学者们可以说，年年给工人涨工资有风险，现代企业的职业经理人阶层却会凭着良知和良心去承担这样的风险。

奖金的分配

斯隆只有解决了劳资关系、稳定了大局之后，才能进一步把利益的分享引向纵深，这就是利润的分享或奖金的分配。

在经典的理论中，企业的利润被视为剩余价值。在传统的企业中，剩余价值往往归资本家或股东所有。随着经营权和所有权的分离，大约在1900年以后，就有企业当局考虑与职业经理人乃至劳工分享利润，其中，耶鲁·汤制锁公司把利润分享称为"奖金分配"，后来有人把奖金称为"超额劳动的报酬"。

奖金提成与奖金分配

企业通常采取奖金提成的方法，就是确定一个提成比例，根据每个部门的业绩提取相应的利润作为奖金分配。这种办法很简单，也很容易出问题，即牺牲了整体协同效应，强化了个体的行为和意识。

在1918年之前，通用汽车公司与其事业部签订协议，可以从事业部的利润中提取一定比例作为事业部经理的奖金，导致事业部经理为了自己利益的最大化而努力，对整个公司的整体利益漠不关心，甚至行为有损于公司整体利益。为此，斯隆主张从"奖金提成"转向"奖金分配"，或者说，从"利润提成"转向"利润分享",强调要把奖金合理地分配给"为通用汽车的成功做出特别贡献的员工,他们善于创造、能力突出、勤奋肯干、忠于公司以及服务一流"。这是奖金分配的原则,也是奖金提成和奖金分配之间的本质区别。这客观而公正地表达了为公司整体利益做贡献的内涵与要求。也只有这种客观公正的内涵和要求,才能正向激励更多的人积极向上,提高承担责任的意愿,提高承担责任的能力,而不是斤斤计较,对个人的利益得失耿耿于怀。从而使利润分享或奖金分配成为一种导向,一种积极的激励杠杆,而不是成为一种消极制造矛盾的事端。

奖金分配机构的客观公正性

管理学认为,有了管理的合法性和管理权威的来源,企业当局就具有了生杀予夺的权力。在现代社会和现代企业中,任何背离客观公正的行为都不具有合法性和权威性,都会伤及个体的自主性,都会抑制个体的主动性、创造性和天赋的发展和发挥。尤其在奖金分配上,只有依靠客观而公正的方式,才能强化普遍的协同意识与意愿。

1918年,通用汽车公司制订了"利润分享计划",第一项内容就是成立"奖金薪资委员会",并按照客观公正的程序来主导和推动奖金分配的工作。斯隆创立的"委员会制度"

是一个沟通、交流、协商、共识和决策的"民主协商的平台"，背后还受到程序的约束，以确保奖金分配的结果是客观公正的。

"奖金薪资委员会"成员是由通用汽车公司的董事会选拔和任命的，都是公司中较高级别的董事，通用汽车公司明确奖金薪资委员会成员不能参与奖金的分配，从根本上确保奖金薪资委员会的每一个成员都能够站在公司的立场上，客观公正地履行职责。

奖金分配程序的客观公正性

"利润分享计划"的第二项内容，就是由奖金薪资委员会制定严格的程序，确保奖金薪资委员会各位委员在履行职责过程中的客观公正性。

（1）奖金分配程序的第一个规定是，入围奖金分配人员为三类：

第一类，负责公司运营的董事会成员。

第二类，事业部总经理与各职能部门的负责人。

第三类，按最低薪资确定的其他骨干员工。

奖金薪资委员会的职责是确定第一类和第二类人选及其奖金额度，同时对公司董事长和总裁联合提议的有关事业部及职能部门第二类人选的分配提案进行审议并批复或否决。

第三类人选的奖金建议下放到各事业部和各职能部门。

（2）奖金分配程序的第二个规定是，奖金薪资委员会确定当年奖金额度。最初是根据公司每年的盈利情况，就"奖金分配金额"征求独立会计师的意见。1947—1962年，在扣除6%的净资本收益率的基础上，把12%的税后净利润作为每年可分配的奖金总额，这通常叫作"年度奖金池"。

（3）奖金分配程序的第三个规定是，奖金薪资委员会每年要把奖金池中的奖金分配到三类人员，确定三类人员的奖金总额以及占年度奖金池的比例，使每类人员都有一个相应的"奖金配比"方案。

首先是第一类人员的奖金配比方案，要对其中每个人的情况和业绩进行单独评估，并以非正式的方式向总裁和董事长征询意见，从而决定第一类人员奖金配额占年度奖金池的比例。

其次是第二类人员的奖金配比方案，即各事业部总经理与各职能部门的负责人的奖金配比方案。董事长和总裁要针对其每个人的奖金分配发表意见，并且报奖金薪资委员会批复或修订。

最后是第三类人员的奖金配比方案，在征求有关方面的意见后，最终由奖金薪资委员会决定。由于事业部和职能部门的内部情况各不相同，因此无法套用同一种方案来为每名员工提供奖金建议。通常由第三类员工的直接上司评估审核后逐级上报给更高层审议，最终交给奖金薪资委员会做决定。

（4）奖金分配程序的第四个规定是，奖金薪资委员会在最后环节增加一个复核程序，把奖金候选人的清单进行汇总，横向比较和评估他们的奖金分配方案。

每年对大约750名要职要员的"个人奖金提案"进行评估，评估每个人的绩效与贡献，以确保奖金的发放能够反映他们的贡献程度及其差异，尽可能实现奖金的公平分配。另外，还要从全公司不同事业部和职能部门中找出职位相近的人选，对他们的奖金提案进行横向比较，找出其中的问题。奖金薪资委员会还要找出整个经理人阶层的优势和不足，这有助于公司在面对不可避免的人事调整时能够提前做好准备。

应该指出，斯隆讲的工资分配，是普通劳工的时薪问题，背后是劳资关系问题，这是关系大局的问题，需要优先解决。除此之外，还有一个群体是职业经理人和骨干人员，通常称"要职要员"，他们的工资是和职务相联系的，拿的是职务等级工资，职务等级越高，工资水平就越高。一般而言，这部分人的占比约为10%，支撑着整个公司经营体系的正常运行和盈利能力，因此，这部分人也是奖金分享的主要对象。1962年，领取奖金的员工人数大约为14 000人，占全员的

9%，比 1922 年的 550 人增长了近 25 倍，1922 年领取奖金的人数占比是 5%。

美国通用电气公司的 CEO 杰克·韦尔奇认为，企业的"要职要员"应占到 20%，提出了著名的 721 活力曲线，强调要奖励 20% 的要职要员，带动 70% 的人员提高效率、创造业绩，同时淘汰 10% 的落后人员，这样才能维持和提高企业内在的活力。721 活力曲线实际上遵循的是 2/8 法则，维持和激励 20% 的"要职要员"，对任何企业来说都是极其重要的。

通用汽车公司为了稳定"要职要员"，通常在多年期内分期支付奖金。比如，5 000 美元的奖金，就按照每年 1 000 美元来分期支付。通用汽车公司还规定，如果职员因自身原因离职，就不能再领取尚未支付的奖金。

股权的分配

通用汽车公司在 1918 年推行"利润分享计划"之后，于 1923 年开始考虑对职业经理人阶层实施"股权分享计划"。从逻辑上说，利润分享计划有效地推动了企业经营业绩的提高，企业当局就有理由进一步加大利益分享的力度，这就是股权分配。

对于一个自由职业者来说，不仅要回收生产产品的成本，还需要从产品生产中获取利润，拥有生产产品的能力。也许斯隆已经意识到，一个充满活力的企业，应该是一个自由职业者的共同体。这也符合一个现代企业的基本特征，即尊重个人的人格发展，尊重个体的自由意志。

方案的实施要点

对企业当局来说，股权方案必须解决的问题是，不仅要让一部分职业经理人成为公司的股东，而且要让他们与企业的出资人或投资人股东融合为一个整体、一个事业共同体。

如同"利润分享计划"一样，通用汽车公司制订了"股权分享计划"及实施方案。实施方案的要点是，成立一家"经理证券公司"，集合关乎通用汽车公司前途和命运的职业经理人，形成一个利益与共的群体，一起努力提升企业的经营能力和经营业绩，进而依靠分享的奖金买下经理证券公司持有的通用汽车公司的股权。

时任董事长杜邦愿意出让通用汽车公司30%的普通股给经理证券公司，合计225万股，每股市价15美元，转让总额为3 375万美元。这样原本虚拟的经理证券公司，现在就有了实实在在的股本金，外加等额的股权债务。接下来的问题就是经理证券公司如何还清股权债务，买下股权。

方案的操作细节

经理证券公司的核定股本为3 380万美元。全部股本分为两个部分：

第一部分为通用汽车公司持有的可转换优先股，价值2 880万美元，股息率为7%。

第二部分为通用汽车公司的普通股，价值500万美元，这是入围经理人认购的股权。普通股分为A类股和B类股，A类股共计400万美元，面值为100美元/股；B类股共计100万美元，面值为25美元/股。

通用汽车公司与经理证券公司商定，每年在扣除7%的占用资本回报率之后，向经理证券公司提供税后5%的净利润，这相当于通用汽车公司每年总奖金的一半。商定的期限为8年，从1923年开始到1930年结束。这就告诉经理人，只要你们好好干，齐心协力提高公司的经营业绩和经营能力，就能提高经理证券公司整体的盈利水平。

经理证券公司在计划的8年时间中有两笔主要的收入。第一笔是股权红利，大头是通用汽车公司持有的可转换优先股，市场价是2 880万美元。这部分红利记录在B类股的盈余账目上，用于支付可转换优先股的股息，也就是要在8年时间内清偿2 880万股权的债务。这让经理人团队压力很大，他们必须努力提高整个公司的经营能力和经营业绩，否则就没有足够的股权红利来偿还这部分股权债务。从这个意义上说，经理人团队必须先为通用汽车公司全体股东挣钱，带来更多的股权红利。

第二笔是，通用汽车公司每年支付给"经理证券公司"的 5% 的净利润，记录在 A 类股的盈余账目上。清偿了通用汽车公司持有的可转换优先股债务后，才可以启动 A 类股的盈余账目，对经理人团队进行分红派息。这样，经理人团队才有真金白银，买下事先认购的 A 类股和 B 类股，也就是通用汽车公司的普通股。

股权的分配

通用汽车公司把 A 类股和 B 类股转售给了 80 位高管，A 类股的价格为每股 100 美元，B 类股的价格为每股 25 美元，总价值为 500 万美元。

配售的股票数量和经理人在公司里的职位有关。斯隆亲自与每一位符合该计划要求的经理人交流，目的是确定他们是否有意加入这项计划，以及这些入围的经理人是否有足够的现金来购买配售的股票。一般来说，公司会限制每位经理人购买的股票金额不超过他的年薪。

为了让经理证券公司的入围机制持续发挥作用，通用汽车公司每年都会对加入经理证券公司的经理人进行年度绩效评估,并把加入的经理人和其他经理人的业绩做比较,以确定每个人的表现是否反常,以便及时做出调整。

值得注意的是,通用汽车公司拥有一项不可变更的权利,那就是当经理人辞职或者他的职位与业绩表现发生变化时,公司可以回购他持有的全部或者部分股票。

实际效果

1923年以后,通用汽车公司经营上的成功给经理证券公司带来的回报超乎想象。尽管汽车市场的总销量并没有很大的增长,1923—1928年,轿车和卡车的年销量维持在大约400万辆,但是通用汽车公司的销量翻了一倍多,市场份额也从1923年的20%,增长到了1928年的40%。公司的盈利自然快速增长,经理证券公司的收入也随之增加。到1927年4月,所有的可转换优先股债务都已付清,没有其他债务负担,经理人团队也获得了足够多的收益,并完成了股权的认购。原定的8年期的实施方案缩短为7年,结束年份为1929年。

对一个经理人来说,如果他认购的股票是1 000美元,7年中获得的股利补偿是9 800美元,二者构成的可兑现股组成的10 800美元,最终购买了902股通用汽车10美元面值的普通股。"由于通用汽车普通股在计划期间市场价格的增长,这 902 股股票拥有了每股 52.375 美元的价值,也就是,总市场价值达到了 47 232 美元。同时考虑 1927 年和 1928 年兑现的价值 2 050 美元的部分投资,和这一阶段内总共 11 936 美元的股票红利收入,由这总计 10 800 美元的投资所得到的最终价值是 61 218 美元。"⊖

当然,这也给通用汽车公司股东带来了同样丰厚的回报。斯隆认为,通用汽车 1923—1929 年业务蓬勃发展的部分原因是,经理证券公司把公司职业经理人阶层捏合成了一个团队,使得他们的个人利益与公司的成功息息相关,并且使经理人股东和投资人股东之间形成了共同利益关系。

1930 年,通用汽车公司推行"股权分享计划"的第二阶段,专门成立了"管理公司",整体设计思路与经理证券公司一致,只是在操作细节上有一些不同。入围第二阶段"股权分享计划"的经理人有 250 人,是先前参与人数 80 人的 3 倍多。

值得一提的是,截至 1963 年 3 月,公司大约 350 位高级经理人持有的股票加在一起超过了 180 万股,按照当时市场行情每股 75 美元计算,他们对公司的投资超过了 1.35 亿美元,其中大多数人终身投入到了这项共同的事业。

⊖ 相关资料详见斯隆《我在通用汽车的岁月》第 21 章。

CHAPTER 5
第 5 章

依靠产品政策争夺市场

以往我们耳熟能详的理论概念是市场导向、满足顾客的需求、创造顾客等，但往往忽略了竞争、竞争对手、争夺市场等。企业经理人阶层明白，如果没有竞争对手，顾客永远当不了皇帝。经济学也说得很明白，当供应小于需求的时候，生产者是老大，它说了算。对斯隆来说，重要的是打败竞争对手，让对手的产品过时，让市场对自己的产品产生需求。他要做的事情很简单，至少没有理论上说得那么复杂，就是"集中力量攻击对手的薄弱环节"，这合乎"军事战略"的内核或要点，也是斯隆强调的"政策"概念。

企业的产品政策

企业政策的概念很早就出现了，强调的是针对性、方向性和统一性，所谓"政策和策略是生命线"。不幸的是"现代管理理论"问世，有了"企业战略"的概念，把这一切都搞乱了。企业战略强调的是未来性、探索性和冒险性，背离了军事战略的内核与要点，也背离了经理人的职业理性。即便是熊彼特也会告诫大家，企业只有极个别的经营者在极少的时期会表现出企业家的创新精神。由此而论，把企业战略的概念引入企业的日常经营活动中，是一种莫大的误导。

产品是成败的关键

军事战略强调的是集中力量、集中火力，攻击对手的薄弱环节。要争夺市场，必须全力以赴把产品做好，成败关键在产品上。竞争对手的薄弱环节也在产品上，必须针对对手的薄弱环节，向市场提供更好的产品。

企业的事情很简单，就是努力把产品做得更好，满足顾客不断提高的要求。顾客的要求会不断提高，产品的品质与性能也要不断提高。经过点点滴滴、锲而不舍的努力，企业自然就能活下来，活得更好甚至超越对手。不妨看看丰田汽车发展的历程，丰田汽车没有那么多的高端思维和奇思妙想，就是一心一意发展产品。特斯拉的成功也没有什么玄妙之处，就是努力开发产品，让人尖叫。

至今，我们依然处在产品经济时代，企业之间借助于市场，互换各自的产品，互换各自的劳动，维持彼此的分工与分利关系，维持产业社会的正常运行。即便是提供服务的企业，也必须明确自己的"服务产品"，界定清楚服务的规范和价格。企业的服务如果没有产品化，没有明确的规范和价格，消费者只能望而却步，唯恐上当受骗。

在这种产业社会的运行逻辑下，各个企业必须全力以赴把产品做好。退一步说，市场消费者并不在乎企业有什么使命、愿景、战略和价值观，在乎的是企业生产什么样的产品，产品能带来什么样的生活体验。因此，企业应该集中精力发展产品，把企业的成长和发展聚焦在产品上，不断生产出更好的产品，丰富消费者的生活体验。

斯隆是关注竞争对手的老手，他不断寻找福特T型汽车的毛病，诸如发动机经常熄火，变速箱经常卡住，减震很差，颜色单一，很难在一片黑色的停车场上找到自己的车，等等。消费者把福特汽车比作"咖啡研磨机、泥水塘里的蹦蹦车"。在竞争对手产品的缺陷上下功夫，生产出性价比更高的产品，这就是通用汽车公司能够打败福特汽车公司的根本原因。当通用汽车公司有能力不断推出新车型的时候，福特汽车公司已经无力回天了。由此可见，企业的盛衰荣辱系于产品。

依靠产品政策协同起来

斯隆认为，产品政策就是持续地改进，不断地提高企业争夺市场的能力。他所强调的改进主要是两个方面，一方面是产品本身的改进，另一方面是产品研发和生产能力的改进。

斯隆非常清楚，任何企业的资源都是有限的，何况福特汽车公司还处在压倒性的优势地位。通用汽车公司必须依靠产品政策协同起来，不断提高企业争夺市场的能力。如同军事战略那样，集中优势力量，攻击对手的薄弱环节。

第 5 章　依靠产品政策争夺市场

1920 年，整个行业汽车产销量大约是 230 万辆，福特汽车公司产销量将近占一半，通用汽车公司的年销量市场份额不足 17%。更严重的问题是，由于旗下各个事业部各自为政，仅在中档价位的市场上，就有雪佛兰 FB、奥克兰和奥兹莫比尔 3 个产品雷同的品牌在自相残杀。

1921 年，除了别克和凯迪拉克，通用汽车的其他产品都在亏钱。其中，雪佛兰的销量比 1920 年下降了约一半，销售亏损一度达到每月 100 万美元左右，全年亏损近 500 万美元。通用汽车公司的市场占有率从 1920 年的 17%，下降到了 1921 年的 12%。而福特公司的市场占有率从 1920 年的 45%，上升到了 1921 年的 60%。

1921 年 4 月，执行委员会在参谋部下设了一个"特别委员会"，大约用一个多月的时间，完成了对产品政策的研究，并于 6 月，由斯隆向执行委员会汇报并获得了通过，成为公司正式推行的产品政策。政策的基本原则如下：

第一，集团公司必须在每个价格领域都有自己的产品，价位从最低档产品一直覆盖到可批量生产的高档轿车，公司不进入生产规模有限的豪华轿车市场。

第二，产品之间的价格阶梯不宜太大，但也要具有足够合理的市场空间，以便发挥量产优势。

第三，避免公司的产品在各价位上雷同，相互挤压，相互残杀。

产品政策中还包括了一些关键细节。比如，如果通用汽车的轿车和同级别最棒的竞争对手的产品相比，在设计上毫不逊色的话，则没有必要在设计上引领潮流，冒险开展新的实验。

1924年，通用汽车主打的轿车系列价格清单如下：

雪佛兰，510美元。

奥兹莫比尔，750美元。

奥克兰，945美元。

别克4，965美元。

别克6，1 295美元。

凯迪拉克，2 985美元。

产品政策让通用汽车焕然一新，竞争的优势逐渐显现出来，与当时的福特公司以及其他汽车生产企业逐渐拉开了距离，逐渐具备了竞争优势。

产品政策的导向作用

一般认为，企业战略具有导向作用，殊不知，企业战略的导向是不确定的、不可控的甚至不可知的未来场景与状态；

而产品政策的导向是非常明确的,诸如对手的产品缺陷是什么,我们的产品应该如何改进,我们应该怎么做才能够积聚起力量,超越对手等。

发现并解决现实问题

通用汽车公司在制定产品政策的时候就非常清楚,在最低一档的细分市场上,福特汽车公司处在垄断地位,而通用汽车公司在这个价位上还没有一款产品可以与之相抗衡,打破福特的垄断地位。

此外,在较高一档的低价市场上,通用汽车公司也只有雪佛兰和奥克兰,因此,需要生产一款低档汽车,性能要优于福特,售价只比福特略高一点儿,才能够与福特公司展开正面争夺。

到了1921年9月,福特汽车和雪佛兰汽车的价格差,已经缩小到90美元,而年初的价差约为300美元,这说明雪佛兰已经开始朝着产品政策的既定方向前进了。

通用汽车公司产品政策的核心理念是,开发和生产性能更好、外观更美的汽车,开拓汽车市场的未来发展空间,从而为雪佛兰与福特T型汽车之间的竞争指明正确的方向。如果没有这项产品政策的引导,当时的福特汽车公司恐怕不会有竞争对手,通用汽车公司也不会有雪佛兰业务和利润的双增长。

从杜兰特时期开始,通用汽车公司就非常清楚,要用更多的品牌和更多的车型，满足消费者的多样化需求，开拓更广阔的市场空间，打破福特开启的"标准化、单一化、规模化"的大众汽车消费市场格局。

通用汽车公司产品政策和产品计划背后真正的意图是，促进市场需求性质的改变，使其转向"多样化、丰富化、个性化"。只要人们追求高性能汽车成为新的趋势，那么公司就有机会赢得时间和空间，不断提高产品的性能，同时不断扩大产能和产量，以规模化生产方式，降低成本、降低售价，主导市场发展的新趋势。

借用斯隆的话说，"像20世纪20年代中期这样的行业巨变很少见，纵观历史可能仅有一次可以与之相提并论，那就是1908年之后福特T型汽车的崛起。作为福特汽车公司市场地位的挑战者，通用汽车公司只有创造了这次机会，才能真正得到变革的惠顾"。

1923年，雪佛兰的工程师们在亨特的带领下推出了一款新型车，也称为K型车，在1925年投放市场，一举提升了雪佛兰的市场地位。当年雪佛兰的轿车和卡车销量达到了48.1万辆，比1920年增长了64%。

再看老对手福特汽车，1925年的市场份额相对下降了，由54%跌到45%。让通用汽车公司感到欣慰的是，福特没有意识到这是一个危险信号，没有意识到市场需求正在发生逆转。

改变市场竞争格局

通用汽车公司形成了自己的产品政策之后,经过一段时间的市场检验,发现自己的产品线并没有完全覆盖市场的需求。比如,在凯迪拉克和高端别克 6 之间就存在着市场的空白。斯隆提议凯迪拉克考虑生产一款售价约 2 000 美元的家用轿车,来填补这块市场空白。

另外,雪佛兰和奥兹莫比尔之间的市场空白更大,很容易被竞争对手抢占。斯隆决定引入一款售价比雪佛兰高的全新六缸发动机轿车,来填补这块市场空白。同时,斯隆决定将新车型的设计、生产与销售放在雪佛兰事业部,以便共享雪佛兰的规模经济效益。

最初,在亨特、克雷恩和斯隆三人讨论这款车的时候,斯隆就明确指出这款六缸轿车的设计应尽可能地在雪佛兰车身和底盘部件的基础上进行。六缸轿车会比雪佛兰四缸轿车行驶起来更加平稳,轴距更长,发动机的排量和马力更大,车重也增加了,这款六缸轿车被取名"庞蒂亚克"。

1926 年,庞蒂亚克轿车如期问世了,双门轿车的售价为 825 美元,介于雪佛兰双门轿车(645 美元)和奥兹莫比尔双门轿车(950 美元)的价格中间。这样一来,通用汽车产品线的价格空白就被填补了。

此后数年，通用汽车产品线基本定位，凯迪拉克和别克分别处于价格金字塔的第一位和第二位。雪佛兰处在价格金字塔的底部。奥克兰事业部后来变成了庞蒂亚克事业部，负责生产庞蒂亚克轿车，而奥克兰轿车停产了。庞蒂亚克成了一个有特色的品牌，奥兹莫比尔的价位就在庞蒂亚克和别克之间。通用形成了从低到高完整的产品品牌系列：雪佛兰、庞蒂亚克、奥兹莫比尔、别克和凯迪拉克。至此，通用汽车公司依靠产品政策成功把握住了市场逆转的机会，彻底改变了市场竞争的格局。

协同是产品政策的要害

斯隆一直重视对外部经济与市场发展趋势的研究，于1934年提交了一份《通用汽车轿车产品计划的基本构想》，明确了公司产品政策修订的方向，这就是继续保持轿车的多样性，以及在低价市场上拓展品类。

随着公司政策的调整，协调工作也越来越多，与此相对应，政策推行过程中的问题也越来越多。比如，当两个或两个以上的事业部采用相同的部件时，各事业部的协同必须建立在"部件的共用方案"的基础上。这就要求必须有人来制订方案，从而让各事业部依据方案进行协同。

1934—1937年，斯隆成立了一系列"政策组"，来强化总部政策的推行和协调工作。1934年，通用汽车公司率先成立了工程政策组。工程政策组直接向执行委员会汇报，成员包括公司的董事长、总裁和总部的高层人员，主席由主管工程部的副总裁担任。

工程政策组在开发新车型过程中，按公司总部的要求控制时间进度，确保各系列的"年型车"能够如期推向市场。主要方式是保持与外观设计部、工程部、轿车事业部、车身供应商的无缝衔接，并在每个关键环节组织"项目审议会议"并跟踪每次会议结果的落实。当某个环节审议通过后，任务的担当机构和应用其成果的机构就可以进行下一个环节或者下一个阶段的工作了。如果审议没通过，相关的任务担当机构就需要根据审议会议的意见和建议，如期做出修改和调整，以确保最迟的审批通过时限。在这个过程中，政策组一旦发现问题必须及时纠偏，或直接向执行委员会报告，确保纠偏措施落实到位。

把握市场发展的趋势

经营好一家企业的关键是不断响应外部市场的变化，尤其是通过产品的不断创新，响应顾客需求的变化。

混沌初开的汽车行业

20世纪初，是那些大佬，如福特先生、别克先生、雪佛兰先生、克莱斯勒先生、纳什先生，用自己的产品开启的一个伟大的汽车时代。然而这些大佬无感于自己的伟大创举，更不知道如何去经营好这个行业。1908年，福特成功地开发了T型车，并开发出了固定流水生产线，开创了一个大众消费汽车的市场，独领风骚19年，直至20世纪20年代，但福特也因此沉溺于已经过时的经营理念而不能自拔。

斯隆入行相对较晚，认为这个行业非常开放，欣欣向荣，比如科学进步的信息是共享的，技术知识可以自由流动，生产技术透明公开，市场是全球性的，等等。在这种开放的行业环境下，究竟谁能胜出呢？大家都在积极地寻找出路和方法，然而，产业内一切都不可预知，那时没有经销商的销售数据，没有消费者需求的数据，更没有人知道二手车市场的重要性，至于"年型车"的概念，更是无从谈起，新兴的汽车产业将向何处发展，一切都不可预知。

活下来是出发点

对斯隆来讲，一切都得从头开始，"活下来"就是出发点，为了自己也为了公司，必须活下来。1919年，他完成了

第 5 章　依靠产品政策争夺市场

《组织研究报告》，找到了活下来的办法，这就是依靠事业部制的经营体系、"分工与组织"的一体化关系体系，集中力量抢占市场。不久，1921年6月，公司总部就形成了产品政策，引导各个事业部协同起来，展开对市场的争夺。产品政策可以概括为"开发适合每种价位与要求的汽车，以响应消费者随之而来的多样化乃至个性化的需求"。后来随着产业的发展和演化，公司始终坚持这一政策，并展现了应对竞争和顾客需求变化的能力。

与此相对应，通用汽车公司在经历了铜冷发动机事件的失败后，产品研发的协同在总部高层、事业部、职能部门之间也形成了。

以产品适应市场的逆转

生产和消费的矛盾是永恒的主题，因为生产强调的是"效率"，消费强调的是"效用"，而且效用会不断递减。当亨利·福特在持续关注提高生产效率时，斯隆却在关注消费效用，关注消费效用点点滴滴的改变。依靠产品政策，通用汽车开发了密封车型，满足了消费者对汽车品质升级的需求，从而抢占了大部分市场。

到了20世纪30年代初的美国经济大萧条时期，低档车成了消费主力，通用汽车公司立即对这种需求变化做出了调整。随着经济的复苏，消费者对高档产品的需求再次升温，等到1939—1941年，也就是美国参战前夕，低档车的市场份额减少到了57%，大致相当于1929年的水平。于是，公司又进行了调整。

截至1954年，传统低档轿车的市场份额再次达到约60%。但是，通用汽车注意到，低档轿车的产品内容正在发生根本性的变化，客户需要的不再是功能单一的标准代步车型，客户对汽车舒适度、便利度和外观优美的要求和中高档车的多样化选择没有本质区别，客户只是想尽量降低初次购置成本和维护成本。

到了1957年，国外进口轿车（特别是日系车）和国内小型轿车的市场份额增长到了5%。但是，当时，人们对于小型轿车的市场需求能否继续增长并不确定，但通用汽车已经意识到了这种可能性，并且着手设计这类轿车。1960年通用汽车推出别克特别款、奥兹莫比尔F-85以及庞蒂亚克风暴，1961年，通用推出雪佛兰Ⅱ型，1963年，通用汽车推出舍韦勒。通用汽车还给这些小型轿车装配了更好的内饰、方便实用的配件和自动变速器、动力转向系统与动力刹车，等等。

汽车产业过去几十年的发展已经证明，通用汽车公司1921年制定的产品政策是正确的。直到1963年，通用汽车总裁约翰·戈登表示，"我们的政策，即开发适合每款价位与

第 5 章　依靠产品政策争夺市场

要求的汽车,至今依然适用。我们从没有像今天这样,能给顾客提供如此多样化的选择。1963 年,国内厂商提供的车型总共有 429 款,而通用汽车就提供了 138 款"。

任何企业都必须活在当下,依靠产品的进步打开走向未来的大门,并且可观察、可分析、可判断市场需求的变化趋势,引导产品进步的方向。如果只是引入"企业战略"的概念,企业往往会陷入投机、探险和冒险的误区。

CHAPTER 6
第 6 章

创造市场，创造未来

第6章 创造市场，创造未来

企业和市场是互动的关系，企业创造了市场，创造了顾客。反过来，市场和顾客也成就了企业，进一步激发了企业的生命活力。斯隆领导的通用汽车公司就是这么想并这么做的，通用汽车公司在企业产品政策的引导下，发展出"销售四原则"，创造出新市场、新顾客、新未来。

通用汽车公司与福特汽车公司的基因是不同的，通用汽车公司创业伊始就走在了杜兰特开创的"精英路线"上，与福特汽车公司的"大众路线"不同。斯隆产品政策背后的真正意图，就是促进市场逆转，彻底告别福特开创的旧时代，使汽车的"标准化、单一化、规模化"，转向"多样化、高档化、个性化"。

企业与市场的互动关系

按照德鲁克的说法，企业的成功依赖自己的事业理论。姑且不论企业的经营者有没有能力建立"事业理论"，在企业内外一片混沌的情况下，企业经营者只有一个念头——"活下来"。斯隆担任通用汽车公司首席执行官23年，在公司任要职45年（1918—1963年），是制定主要政策和企业运营的关键人物。他的实践表明，企业要活下来，重要的是活下来的"活力",是寻求活力的来源。

企业生命的活力源泉

斯隆认为,通用汽车公司成功背后的因素是,"人们积极进取的创业精神,日益丰富的科学技术、商业诀窍和产业技能等资源,广袤的土地、平坦的道路和富庶的消费者,富于变化的市场以及大规模生产的基础,还有企业间的自由竞争,等等"。

反过来说,美国汽车市场的发展,也有通用汽车的一份功劳,比如,"年型车"的开发不断刺激消费者的需求。可以说,市场的活力来自企业的活力,来自企业的不断刺激。反过来,市场的活力又不断刺激企业积极进取。借用斯隆的话说,"由于对满足消费者的这种要求有着十足的动力,这让通用汽车公司总是充满活力"。通用汽车公司就是建立在"企业与市场"之间不断加强的活力源泉之上的。

为了打开这个活力源泉,斯隆做对了三件事情:第一,创建集中政策引导下的事业部独立经营体系;第二,强化财务业务一体化的监控体系;第三,制定促进市场需求逆转的产品理念和产品政策。

另外,斯隆很重视公司的业绩表现,以满足企业各方的利益,包括股东、员工、经销商和消费者。借用他本人的话说,"我并没有预见到通用汽车能有这样的业务规模,也没有把规模作为一个发展目标。我只是认为,我们应该精神饱满地工作,不要束手束脚,我也不会给业务的发展设限"。

他进一步认为,业务的增长和企业的进步彼此关联,在竞争性的经济环境中,企业的业务增长会带来障碍、矛盾和新问题,从而会激发人们的想象力,持续推动产业的进步。企业在竞争中谋求生存的强烈愿望,原本就是最强的激励因素与活力源泉。然而,当企业取得成功时,这种动力往往会下降,不愿变革的惰性思想会让企业失去活力,丧失冒险精神,不能识别技术的进步与消费者需求的变化,从而导致业务增长停滞甚至出现衰退。

企业内生的活力来源

面对错综复杂的技术与市场变化,要想保持企业的活力,关键在于坚守经营哲学的一个核心思想,这就是基于事实做商业判断。

企业内部也遵循同一个经营哲学的核心思想,这就是基于事实做出判断和安排。在斯隆看来,这是通用汽车公司最大的优势之一,避免因人的主观性而让企业失去发展的活力,迷失发展的方向。

如何长期践行经营哲学的核心思想,如何基于事实做出判断和安排，取决于经营者的信念。当企业面对错综复杂的现实问题、障碍、冲突和困难时，经营者往往很容易偏离经营哲学的核心思想。比如，在应对经济危机的时候，就很容易出现这种偏差，倾向于依靠行政权力、依靠命令的方式做事情，而不是依靠沟通、协商、引导和讨论的方式做事情。

强化部门的自主意识

只有强化各部门的"自主意识"，才能形成相互尊重的组织氛围，防止个人独断专行，才能通过沟通让事实说话，依据事实做出选择。

为此，斯隆一再强调，"公司总部以及执行委员会唯一的职责，就是制定、推行和落实公司政策。由公司总部集体负责制定政策，由事业部总经理个人负责经营业绩，同时自觉维护好事业部自主经营的地位，彼此尊重各自的自主意识，彼此维护各自的地位和利益"。这样，在公司内部才能形成一种尊重客观事实的氛围，员工也能从中找到工作的乐趣。

他说："我的经验告诉我，在这个问题上没有简单的公式可用。个人的角色非常重要，以至于有的时候，某个部门的构建必须围绕一个人或多个人来进行，而不是让这些个人来适应这个部门，工程部门的早期开发经历证明了这一点。但当公司的某个部门不得不向个人妥协的时候，必须采取严格的约束措施，必须明确任何个人的行为都要有限度，必须对个人的主观随意性做出限制。正如我在前面所说的，企业要想保持健康与活力，就必须始终超越主观性来做事情。"

攻击对手的薄弱环节

企业要做的事情其实很简单，就是遵循"军事战略"的原则，发挥自己的长处，攻击对手的薄弱环节。在促进市场逆转方面也一样，瞄准竞争对手的薄弱环节发力。竞争对手产品的缺陷，就是企业发展的机会。围绕着竞争对手产品的缺陷，收集技术和市场变化的信息或事实就很容易，也很容易聚焦并做出判断。

在对手产品的缺陷上做文章

早在1921年通用汽车公司制定产品政策的时候，就希望在雪佛兰品牌下生产一款车，与福特的T型汽车展开正面竞争，这款车的特征是：性能更强，价格合理。那个时候斯隆就想到了要把车身密封起来，以便于人们的出行，风雨无阻，还能给竞争对手出一个难题，使福特汽车无法迅速做出有效的反击。也就是从那个时候开始，通用汽车公司就积极组织力量，开发密封车型。

当然，事情并不是理所当然顺利发展的，也不是"想当然"那么简单。对通用汽车公司来说，这是一件性命攸关的大事，弄不好一脚踩空、全盘皆输。斯隆事后回忆说，当时也没有把握，最终还是市场说了算，只能把它当作一件需要经过市场检验的事情，观察市场的动向和变化。好在斯隆他们都是行业的老手，能够凭直觉和经验，对事实做出商业判断。

有意思的是，哈德逊汽车公司愿意当先驱，走在了前头，于1921年率先推出了密封式双门轿车，售价1 495美元，然后每年降价，到了1925年，价格降到了895美元，双门轿车一下子就受到了市场的热捧。这表明密封式轿车如果能在量产的基础上定好价，就可以统治市场，甚至包括低端市场。

彻底打败竞争对手

斯隆认为，通用汽车公司之所以能够在与福特公司这场竞争中取得胜利，最具决定性的因素就是密封式车身。

密封式车身是汽车史上，自汽车的机械稳定性问题解决以来，最重要的一次进步。密封式车身使轿车成为适合全年出行的舒适交通工具，从而扩大了汽车的使用范围，不过也大大提高了汽车的价格。

通用汽车公司一直在朝着密封式车身的方向转型，1924年9月，通用汽车公司执行委员会认为，"应该提醒我们的事业部经理，要审慎对待开放式轿车的生产计划，因为市场潮流似乎正在快速转向密封式"。到了10月，通用汽车公司把密封式轿车的生产比例，从当年的大约40%提高到了75%，一年以后提高到了接近80%。

密封式汽车在整个汽车行业中的需求比重增长迅猛，从1924年的43%跳涨到1926年的72%，1927年达到85%，而福特公司T型车的车身是开放式的，轻底盘不适合装载较重的密封式车身，从而使福特公司无法在低价市场继续保持领先。后来福特公司在T型车上也加装了密封式车身，但败局已定，无力回天。

在"效用递减"上做文章

即便没有福特这样生产单一产品的竞争对手，任何企业也都应该在消费者"效用递减"上做文章，不断在产品上花样翻新。现在中国企业也懂得这一点了，在果冻、冰激凌、酸奶这样的食品上花样翻新，在手机、电脑、电器这样的产品上花样翻新，还起了一个非常好听的名字——"时尚化"。其实这就是斯隆在1921年发现的需求秘密：依靠外观造型不断花样翻新，刺激消费者的欲望——通用汽车发明了"年型车"的概念，并形成了年年推出新车的能力。

外观带来的商业机会

消费者往往是感性的，对美观大方的东西更感兴趣，所谓"爱美之心人皆有之"。当企业的产品在"功能和价格"上达到一定水准的时候，就要考虑引入工业美学，满足消费者审美情趣上的需求，使产品达到真（功能）善（价格）美（美观）的统一。

1926年，当密封式车型成为市场主流的时候，总裁斯隆开始着手解决外观设计中的实际问题，主要针对当时车身高且窄，重心不稳，而发动机效率大、速度快，既不美观又很危险的问题。

斯隆认为，随着市场需求的个性化和多样化趋势越来越明显，引进人才来构建外观设计的功能，成为通用汽车公司走向未来的成败关键事项。

1926年7月，他给别克总经理巴塞特写了一封信，谈了自己的看法，"我相信，我们都意识到外观与销售的关系有多大，当所有轿车的机械性能都不错的时候，外观就成了决定

第6章 创造市场，创造未来

性的诉求，并且由于我们的产品非常强调个性魅力，因此外观对我们未来业务的繁荣也有着巨大的影响。然而，从设计美学、线条和谐、色彩方案以及整体轮廓来看，我们的水平能跟我们在工艺和其他机械化领域达到的成就媲美吗？这是我要提出的问题，并且我认为这是一个非常根本性的问题"。后来斯隆找到了哈利·厄尔这样的顶级设计师，并聚集了一群外观设计人才，组成了公司的设计中心，这才弥补了这个功能上的缺陷。

金融手段拓展市场空间

在1914年之前，汽车行业曾出现过少量分期付款的做法，通用汽车公司意识到可以借助这种方式，消除消费者支付能力的障碍，推动市场需求的增长，反过来促进汽车业的发展，使"生产供应"和"市场需求"两者之间相互作用，促进美国经济的增长。供应侧和需求侧的互动，是经济增长的本质。

1919年，通用汽车公司成立了金融服务公司，推行"分期付款计划"。当消费者和经销商签订分期付款的购销协议之后，由金融服务公司向经销商支付车款，并负责从消费者那里收取所有款项。

到1963年，金融服务公司为消费者提供了4 600多万辆轿车"分期付款"的零售信贷,其中2 100万辆是新车,2 500万辆是二手车。可见通用汽车公司的分期付款计划对经济的刺激作用是很大的,其直接受益者是通用汽车公司,这为其大力发展生产开辟了市场空间。

不过中国在这方面的改革还不充分,金融服务机构的主体依然是银行而不是工商企业。银行也可以考虑反向参与到工商企业的交易业务之中,参与到人与人之间产品的交易活动过程之中,使信贷关系建立在商品交易的信用基础之上,并使银行成为真正意义上的"金融服务机构",能够像企业一样成为市场活力的源泉。

开放金融服务业的重要性

从通用汽车公司的实践上看,工商企业是可以利用金融手段构建市场信用体系的。重要的是工商企业有能力精准放贷,有效回收贷款,维护市场的信用关系体系。

值得一提的是,通用汽车金融服务公司具有客户意识与市场意识,一直反对收取过高的金融服务费,且不鼓励过低的首付比例,并把付款期限保持在合理范围。通用认为如果还款期限过长、首付比例过低,会导致消费者增加不必要的信贷成本。这样做,最终可以为客户、经销商和通用汽车公司带来好处,所谓"三得利"。经济学教授塞利格曼认为,

第6章 创造市场，创造未来

"分期付款的信贷方式不仅增强了个人的存款动机，而且提高了他们的存款能力。不但促进消费需求的提前，还通过经济的往来增强了实际购买力，使企业的生产稳中有升，并从信贷业务中创造利润，因为信贷业务的收益超过了融资成本"。

在信贷消费的刺激下，1927年通用汽车公司的市场占有率超越福特汽车公司，成为美国第一大汽车制造商。4年后，通用汽车公司成为世界第一大汽车制造商。

伴随着这个过程，通用汽车金融服务公司也迅速发展起来，一度成为世界上最大的汽车消费信贷公司，在40多个国家和地区设有分公司，拥有近3万名员工，800多万客户，并且一直保持着强劲的发展势头，成为通用汽车公司很重要的一个业务板块，2003年，其利润贡献占通用汽车集团总利润的七成。

以旧换新，加速消费

与计划经济相联系的是"短缺"，与市场经济相联系的是"过剩"，通过以旧换新加速消费，是企业重要的促销手段，也是企业的社会责任。

具体的做法就是以旧车换新车——对旧车进行评估，按旧车的残值回收，对新车打折。这样做首先刺激了经销商，除了在新车销售上挣钱，还可以在二手车交易上挣钱，在二手车维修上挣钱，一下子可以挣三份钱。

随之，经销商变得活跃起来了，积极鼓励自己的消费群体提前更换新车，从而使二手车市场也热闹了起来。反过来，二手车市场成为消费者克服自身财务困难，满足自己愿望的手段。

斯隆认为，新轿车的作用在于填补车辆报废的空白和扩大用户增量，而二手车由于价格低得多，可以满足不同层次的"基本出行"需求。1923年之后，美国市场的基本出行需求主要是通过二手车满足的。

中等收入的买家在旧车折价和分期付款的帮助下，被激发出新的需求，这就是体验新轿车的改进功能，体验它的舒适、便捷和外观设计，还能彰显自己的身份和地位。

通用汽车公司上述"创造市场、创造未来"的举措，被概括为"销售四原则"——分期付款、旧车折价、年年换代、密封车型。销售四原则最终促成了市场需求的逆转，汽车市场告别了福特汽车时代，开启了通用汽车时代。

CHAPTER 7
第 7 章

企业各类机构的相互关系

没人知道，上帝在造人的时候，是按照什么原理和原则对大脑和五脏六腑做出安排的，但可以肯定，各个器官只是职能不同、分工不同，只需各司其职，彼此之间不存在权力与命令的关系，也不存在控制与被控制的从属关系。

企业既然是一个生命体，也应该遵循上帝的智慧，只需要明确各类机构的职能，包括职责、功能和作用，进而明确各类机构职能之间的相互关系就可以了。也许斯隆就是这么思考问题的，企业经营体系背后的支持系统，就是各类机构之间相互依存、相互作用的职能关系体系。这可能会让崇尚权力、依赖权力做事情的企业很不适应。

董事会的职能

董事会是企业最高议事决策机构，承担两项最重要的职责，即政策决策和投资决策，也可以理解为运营决策和财务决策。董事会的决策责任并不落在个人头上，而是落在集体身上。但是董事会并不是一个虚设的机构，它具有实实在在的议事决策的职能，包括职责、功能和作用。

1921年，在斯隆进行组织建设的时候，杜邦就强调要强化财务委员会和执行委员会的职能，以提高董事会议事决策的能力。按照斯隆的话说,提高董事会以及公司总部决策的先进性、权威性和可行性,需要依靠这两个委员会以及政策小组,形成具体的行动计划和实施方案。换言之,董事会的议事决策要在"计划和方案"的基础上进行,从而使"决策和行动"两者统一起来。决策不是一个简单的拍板行为,决策者和执行者两者是统一的,不仅执行者要按决策的要求行动,而且决策者要按行动的要求决策。

董事会在经营中的责任

一般而言,股东大会是企业的最高权力机构,因此作为股东大会的代表,董事会也是一个权力机构。然而随着所有权和经营权的分离,产生了"委托经营"的概念,经营权就落在了职业经理人阶层手里。这就涉及一个问题,董事会要不要参与企业的经营活动?

通用汽车公司的实践表明,做实董事会是必要的,也是可能的。企业经营活动从决策到行动的起点就是董事会,是董事会主导着企业经营活动的全过程。1921年杜邦既是董事长也是总裁,表明董事会是企业经营活动的最高决策者与主导者。

在斯隆的意识中,权力是跟着责任走的,董事会不是最高的经营权力机构,而是最高的经营责任机构。权力是履行责任所需要的条件，表达的是决策和行动过程中的地位和作用。具体而言，就是承担制定、推行和落实政策的责任，承担制订行动计划与实施方案的责任。尤其是职业经理人阶层，他们的职业化体现的是责任意识，是应用资源、创造财富、创造利润的责任意识。企业从"获取资源"这一刻起，就不允许浪费资源，就背负起了有效利用资源和合理配置资源的责任。

当企业在使用管理学"管理的合法性和管理权威的来源"概念的时候，就有可能会陷入一个误区，误以为决策就是某个拥有权力的机构和个人说了算，老板就是那个老要拍板的人，董事会集体决策就是集体表决，从而把董事会履行职责的复杂过程简化了。最后，董事会形同虚设，董事"不懂事、不问事"。

斯隆领导的通用汽车公司强调的是，通过沟通、协商和引导的方式，形成一项决策、决定或选择。从这个意义上说，管理就不应该成为一门学问，"管理学"在理论上、基本命题上存在着缺陷和错误。不过"管理"作为一个概念，在企业的经营活动中普遍存在或被普遍应用，尽管含含糊糊，但无碍大事。

做实董事会

让董事会有事可干，履行应有的职责，发挥决策的作用，就是做实董事会，使董事会成为一个真正意义上的功能机构。

董事会的职责，不是《公司法》上那些抽象的规定或主导事项，诸如，制定公司的经营方针和决策，任免公司高级管理人员，审议和批准公司的重要事项，制定公司的治理结构和制度，决定公司的财务预算和投资计划等，而是实实在在地参与到企业经营活动中去，确保决策事项落到实处，见到成效。

通用汽车公司的实践表明，董事会并不是一个高高在上的独立机构，而是一个庞大的机构群落，渗透到整个企业经营系统中，围绕着公司政策的制定、推行和落实，形成系统的职能，履行完整的责任，发挥健全的作用。通用汽车公司董事会的机构群落有四个委员会，分别是财务委员会、执行委员会、奖金薪酬委员会和审计委员会。

财务委员会和执行委员会的职能

通用汽车公司的董事会主要通过四个委员会发挥作用，每个委员会成员都由董事组成，代表董事会来拟定议决事项。

其中，财务委员会大部分成员都是"外部"董事，是不参与运营的董事，包括斯隆这种级别的前任高阶运营人员，还有一些除了在董事会任职，从未和通用汽车公司有过任何关联的人；而执行委员会的所有成员都是参与公司运营的董事。两个委员会都只处理政策问题，而非日常事务。两个委员会的行为都接受董事会的审查与指导，董事会对它们的行为负有纠偏的责任。

财务委员会的核心职责就是管好公司的钱包。这个委员会拥有按照公司章程及其流程，决定公司财务政策与指导公司的财务事务的职责。财务委员会还负责公司所有拨款事务，并且负责审查进入新业务市场的决策，包括负责评估、批准执行委员会制定的价格政策和定价流程，判断公司的资金能否满足经营需求，公司的投资回报率是否令人满意，以及分红建议，等等。

执行委员会负责运营政策的制定，包括是否采纳各方有关政策的建议与提案。资金支出的拨款申请也需要在这个委员会的监督下进行，然后才能提交给财务委员会审批。在实际操作中，财务委员会授权执行委员会自主批准100万美元额度以内的资金支出。

通用汽车董事会全体成员通常每月定期召开一次会议，并不时从董事会成员中选出能在上述委员会任职的人选。上述两个委员会也会向董事会提出申请，选拔精通经营业务的合适人选充实委员会。

审计委员会的职能

通用汽车公司的董事会还有一项非常独特且具有重要意

义的职能，这就是"审计"。这个审计和通常财务意义上的审计不同，它是对企业中发生的事情进行持续的追踪与评估，以建立起根据执行结果及时反馈信息的功能。

通用汽车公司下属的每个部门或机构都很大，而且技术性非常强，董事会的每位成员客观上很难把握有关决策事项的全貌，并做出准确的判断。尤其是外部董事，很难有足够的时间来仔细考虑公司的各类决策事项并做出准确的判断。

因此斯隆强调，董事会以及财务委员会和执行委员会必须掌握企业运营的整体状况，要让董事会成员随时掌握和议决事项有关的一线情况。必须采取有效的方式方法，比如拓展审计的职能，使审计成为独特的信息反馈渠道，让现场的情况能够被及时、准确、完整地反馈给每一位董事会成员。

董事会决策的信息来源

董事会为了更好地履行决策的职责，要求执行委员会和财务委员会每月提供完整的工作报告，除了整体业务情况的总结，还要有各种解释性的评论。同时董事会还要定期接收其他委员会的工作汇报，由此建立信息数据系统，用以分析判断公司的竞争地位、经营状况、市场竞争形势以及可能的发展趋势，等等。

另外，各专业职能部门的副总裁和高阶经理人员也会就他们职责范围内的事情向董事会做正式汇报，董事会会进一步就这些报告提出问题并寻求解释。通用汽车公司董事会所采取的这种"审计"方式，对整个公司及全体股东来说都具有巨大的价值。

斯隆曾经感慨道，"我想不出来还有哪个董事会能像通用汽车公司的董事会一样，对公司内外的情况了然于胸，可以根据事实和环境的不断变化，采取明智的行动"。

通用汽车公司的实践表明，一个公司的董事会是可以发挥作用的，董事会的成员也是可以有所作为的，关键在于制度性的安排，关键在于让董事会回到企业经营的最高层次上，通过集体决策，形成议决事项以及与之相对应的实施计划和行动方案。

总部为事业部赋能

1917年，通用汽车公司从原来的控股公司转变为集团公司，旗下的子公司也就变成了事业部。1923年，斯隆成为通用汽车集团公司的总裁，着手构建通用汽车公司的经营体系，这就是"总部政策协同下的各事业部自主经营体系"。

第 7 章　企业各类机构的相互关系

自主经营与政策协同的必要性

斯隆在 1919 年的《组织研究报告》中就明确了两条组织原则，就是要强化事业部"自主经营"的职能，同时也要强化公司总部"政策协同"的职能。让总部的职能和事业部的职能形成对立统一的关系，确保通用汽车公司的经营体系有序、高效、可持续发展。

斯隆认为，面对复杂多变的环境，"自主经营"可以让各事业部更具有主动性与责任感，更有利于事业部的成长乃至独当一面。事业部也更能贴近事实做出决策，在竞争中更能保持灵活性与创造性。而总部的"政策协同"可以提高整个公司的系统效率和规模效益，以及争夺市场的能力。

通用汽车公司的高层非常重视"自主经营"的价值，一开始就给各事业部配备了强大的经营管理团队，并把业务发展的重任交给了他们。

然而实践表明，如果整个公司没有政策的引导，没有基于政策的整体协同是不行的，1920—1921 年铜冷发动机事件就表明了这一点：总部没有界定清楚谁是铜冷发动机开发的责任主体，导致代顿实验室和事业部之间不能有效协同。离开了公司总部强大的"政策协同"职能，以及相应的经营、管理、协调能力，各事业部就会变成一盘散沙，相互挤压，形成内耗，不能按照争夺市场的要求合理配置资源和有效利用资源，不能集中力量攻击对手的薄弱环节。

总部"政策协同"有赖专业职能

通用汽车公司总部要想制定最佳的政策，就必须拿到各事业部准确且及时的数据。只有当财务业务的数据一体化之后，才能建立且形成稳定的运营数据流，使总部有能力进行政策性的引导，引导各事业部展开业务之间的协同。

除此之外，总部在制定并落实政策的过程中，必须有足够的能力去影响事业部，这就需要逐渐建立专业职能部门。比如，有一段时间，轿车和其他产品外观设计的职能归各事业部所有，但是轿车外观的革命性变化及与竞品的差异性始终没有建立起来。机缘巧合下，一位外观设计天才哈利·厄尔进入公司，斯隆这才意识到必须成立总部的外观设计专业职能部门，负责主要产品的整体外观设计，并调集全公司高级专业人才的力量，包括事业部的力量，产出高质量的成果。可以说，总部制定和推行政策的能力，不可能简单形成，必须伴随着总部专业职能部门的发育。

专业职能部门对总部的赋能

公司总部专业职能部门由专家组成，并不拥有直线业务上的职责与权力，便于在公司政策的实施问题上直接与事业部沟通。

总部为了能让自己的决定富有见地，非常需要各专业职能部门的支持。事实上，总部的许多重要决策，都要先和专业职能部门以及"政策组"人员一起来制定，决策经过讨论后被执行委员会与财务委员会采纳。可以说，公司总部的很多政策建议都来自专业职能部门。比如，生产柴油机的决策就是专业职能部门做出的，是凯特灵领导的代顿实验室做出的。

专业职能部门对事业部的赋能

公司总部通过构建自上而下的专业职能体系，比如工程、制造和分销等专业职能，直接为各个事业部赋能，强化各个事业部承担责任的意愿和承担责任的能力，强化各个事业部自主经营的职能。总部的专业职能部门即使没有在各个事业部下设办事处，同样可以帮助到各个事业部，并在各个事业部的工作中体现出来。随着总部专业职能部门越来越强大，对各个事业部的赋能，包括支持、服务和帮助就越来越多、越来越好。

尤其是总部专业职能部门更关注问题的长远影响和建议的广泛应用，而事业部的工作主要围绕已经确立的政策和方案开展。对于事业部来讲，这种赋能是不可或缺的，它还使得总部和事业部之间的关系越来越紧密，越来越有力量。

借用斯隆的话来说，"总部专业职能部门在外观设计、财务、技术研究、先进工艺、人事和劳动关系、法律事务、生产制造和分销方面，都做出了杰出的贡献，并且总部专业职能部门创造的价值数倍于它的成本"。

总部与事业部的关系

总部对事业部的赋能与服务必须是有效的，必须见利见效，效率是企业内部协同的基础。公司总部一直本着见利见效的原则，与各个事业部展开沟通、协商和协同，确保整个公司的有序、高效和可持续发展。

总部提供服务的效率来源

斯隆认为，事业部从总部获得的服务，比从外部采购的服务价格更低、质量也更好。这种效率的来源在于总部加强了各事业部之间的沟通与交流，形成了各事业部之间经验与技术的分享以及彼此之间的有效协同，共同构建了集中采购、统一广告投放、综合工程技术研发以及整合销售渠道网络的

第 7 章 企业各类机构的相互关系

"公司协同功能"。

各事业部经理在分散运营的过程中,会遇到很多表象不同的共性问题,需要听从公司总部的统一建议。在这个过程中,好的技术和想法会被加以提炼,经理们可以增长见识和技能。斯隆认为,通用汽车经营管理层整体素养的提高,不仅得益于大家在共同目标下的经验共享,还得益于事业部之间基于共同目标的相互竞争。

另外,提升经济效益还可以通过专业分工来实现。比如,从事内部零部件生产与供应的事业部,必须在价格、质量和服务上具有充分的竞争力。否则,作为采购方的事业部可以自行从外部市场上购买。公司会想尽一切办法,把内部事业部与外部竞争对手的产品进行测试比较,从而判断到底应该在内部生产还是从外部采购。

常常有一种误解,以为自己生产总比从外部购买要划算,理由是自己生产就不用向供应商支付利润,从而节省一笔额外成本。斯隆认为,"如果供应商的利润来自正常的市场竞争,那么自己投资这个业务的时候,也要预留这块利润,这不是可以分摊的成本。另外,单纯依靠自己生产往往很难持续获得更好的产品、服务或更低的价格,因此规定在公司的产品中必须保留外部采购,依据经验数据,外部采购的零部件、原材料和服务,约占产品总成本的 55%～60%"。

帮助事业部落实政策

执行委员会和公司总部为了使公司政策能够在事业部中有效落实，必须向各个事业部推广或"推销"公司的政策以及行动计划与实施方案，必须让各个事业部理解自己在公司政策中扮演的角色以及应有的行为，并且在这个过程中，也要听取并接纳各事业部的具体意见和建议。

在通用汽车公司的经营体系中，事业部经理的角色非常重要，他们是公司保持高效运营、快速适应市场的关键。这些经理几乎会负责事业部所有的运营决策与管理工作，但在某些重要事项上必须服从大局。他们的决策必须与公司的整体政策保持一致，运营结果必须向总部汇报。事业部经理如果希望对公司政策做出重大变更，就必须拿出相应的提案，把这个提案"推销"给总部，同时还应接纳总部给出的建议。

"推销提案"的做法是，通用汽车公司经营体系的一个重要特色。任何人的提案都必须以"推销"的方式获得总部经营管理层的认可，如果该提案对其他事业部有影响，那也必须"推销"给这些事业部。同样地，在多数情况下，总部也要把自己的提案"推销"给各事业部。这种"推销提案"的做法，意味着任何根本性的议决提案，必须经过深思熟虑，必须通过"摆事实、讲道理"把方案推销出去,也意味着任何决策都必须经过各方的深思熟虑才能做出。

因此,通用汽车公司并不适合依赖行政权力行事的人,不适用发号施令的方式。这就为有能力并且善于理性思考的人提供了良好的环境。

总部和事业部必须上下同欲

现实中,将代表公司利益的总部和代表局部利益的事业部统一起来非常难,而它们又必须协同起来聚焦于共同的事情。如《孙子兵法》中所说的,"上下同欲者胜",所有的难点在于,利益相关方的立场、观点和方法是不一样的,甚至有时候是对立的。

对公司总部而言,必须让各个事业部看到整体利益与局部利益之间的关系,懂得"上下同欲"才是对立统一的基础。反过来,对事业部而言,必须让总部看到它们的现实状况,以及它们的努力对于实现整体利益的意义和价值,看到两者对立统一的基础。因此,斯隆放弃了传统的指挥、命令和控制的手段,采用了委员会的方式,通过沟通、协商和讨论,在有关整体利益最大化的事情上达成共识,形成有效的协同。

尽管斯隆采用委员会的方式，制定了公司的政策并解决了公司中一个又一个的重大难题，但他依然觉得按照"上下同欲"的原则做事非常难，无法把这种基于委员会的方式用制度、规范和程序统一起来并延续下去。

尽管斯隆在机构设置和责任体系上做出了一系列的努力，比如，政策制定和建议的工作来自通晓运营的一群人，这群人在制定政策的过程中会和事业部非常紧密地合作。执行委员会在此基础上，负责审视公司的整体发展情况，在了解运营状况的细节后做出根本性决策。

再如，财务委员会的成员中有一些非公司雇员，他们会以更广阔的视野与更加客观公正的立场，积极参与公司政策的制定以及重大事项的决策，等等。然而，面对繁杂的议决事项，所有的努力与要求都显得微不足道。

不得已，斯隆只能花更多的时间与精力，持续地对公司议决事项的机构及其责任体系进行调整、治理、重组和维护。他认为，不这样做的话，决策机构及责任体系就会被逐渐腐蚀。其中，最重要的威胁来自企业高层人员有拍板做决策的强烈意愿，他们不愿经历冗长的讨论，不愿意花很多时间和精力把自己的想法推销给其他人，一句话，怕麻烦。并且，很多人认为集体决策未必比个人决策更好，甚至有可能拉低决策的平均效果，等等。值得庆幸的是，通用汽车公司的历

第7章 企业各类机构的相互关系

史记录显示,委员会方式议决提升了决策的平均效果,并使公司能够适应汽车市场自1920年以来每隔十年就发生一次的巨大变化。

可以肯定,现在的企业并没有摆脱管理学的套路,并没有挣脱管理职能的束缚。斯隆开辟的道路才刚刚开始,应用巴纳德的理论,应用委员会沟通与协商的职能,驾驭现代企业的运营才刚刚开始。

CHAPTER 8
第 8 章

委员会的沟通职能

第8章 委员会的沟通职能

斯隆被称为推崇委员会制度的第一人,他相信企业可以通过"委员会"以沟通、交流、协商乃至争论的方式达成共识,按照共同的目标协同起来。在他的观念中,传统的管理概念很容易忽略个体的主动性、创造性和天赋,不利于处理复杂的协同关系。可以说,斯隆希望通过"委员会"这种方式,来代替管理这只"看得见的手"的操纵。这与巴纳德所强调的"经理人员的职能"是一致的,强调的是职责、功能和作用,而不是权力、命令和执行。

委员会是"集体决策"方式

通用汽车公司主要通过执行委员会确立企业共同的目标,这就是依靠集体的力量制定政策,如果涉及资金问题,还需要经过财务委员会的批准。可以说,斯隆领导的通用汽车公司是在企业的最高层面上,借助委员会的协商方式,形成共同的目标,从根本上排除了个人独断专行的可能性,同时也从根本上排除了依靠行政命令的方式,自上而下地推行和落实共同的目标。

共同目标与协同意愿的结合

按照巴纳德的观点,共同目标与协同意愿两者互为前提,这就需要通过"沟通"确立起两个互为前提的条件。

斯隆并不知道巴纳德的理论,但他懂得依靠委员会的协商方式,确立共同目标与协同意愿,并使两者相辅相成,使共同目标建立在协同意愿的基础上,使协同意愿作用在共同目标上。

在斯隆的观念中,就是要打通决策与行动之间的关系,使公司总部的决策与事业部的行动统一起来,使各个事业部的经营活动能够按照公司的政策协同起来。

在斯隆那里,公司制定的政策就是共同的目标,由执行委员会代表董事会制定。为了使政策具有权威性、先进性和可行性,斯隆聚集了一群行家里手一起来商议,使公司政策的制定自始至终建立在群策群力的协同意愿之上,采用古老而传统的"合议制"方式,采用"委员会"这种集体决策的方式。1924年,当斯隆担任执行委员会主席的时候,委员会成员增加到十人,其中七位运营经验丰富,两位擅长金融财务,最后一位就是杜邦。可以说,斯隆这样做就把"确立共同目标"与"形成协同意愿"两者卓有成效地对应起来了。

决策与执行的边界

通用汽车公司在机构设置上,决策与行动是分离的。公司总部制定政策,主要是政策的思考、选择和推行。各个事

第8章 委员会的沟通职能

业部是自主经营的利润中心,具有设计、生产和销售的价值创造能力。尽管事业部是公司政策的执行单位,但是对事业部而言,是在自主经营的基础上,按照总部的政策要求展开企业内部的协同。对总部而言,公司的政策或共同目标,只涉及整体资源的合理配置和有效利用,只关心公司整体经营的有序、高效和可持续发展,不违背各个事业部自主经营的组织原则。相反,要努力强化各个事业部的职能,包括履行职责的意愿和履行职责的能力。

在1921年,通用汽车公司在制定和推行产品政策的时候,斯隆强调,"除进入新市场或破坏当前正盈利的产品线之外,处于构思中的产品细节都不应该报执行委员会批准。执行委员会应该从政策和调节各事业部间产品品质的角度,从整体上处理各事业部间的产品线划分问题,从而避免不同事业部之间的产品冲突。应该精心设计好产品政策并向各事业部阐述清楚,帮助他们全面理解自己产品所应达到和保持的品质,有关这方面的所有重大改动必须报请执行委员会批准。另外,执行委员会不应对各事业部车型的机械设计发表意见,这一工作应该交给各事业部中有资格的个人或团体去做。总的来说,执行委员会的核心职责就是制定政策,并将政策清晰详尽地传达下去,以便事业部有效执行"。

决策与执行的统一

执行委员会为了打通决策与执行之间的关系，组建了强大的总部专业职能部门，并在各个事业部设立下属的专业职能办事处，形成自上而下的专业职能体系，向各个事业部提供专业的咨询和服务，向执行委员会提供专业的意见和建议。

执行委员会代表董事会所做的审议决策事项，是建立在总部专业职能部门及其"政策小组"提供的"行动计划"与"实施方案"基础上的。执行委员会制定、推行和落实政策的全过程，都是建立在"行动计划"和"实施方案"基础上的。执行委员会强大的政策制定、推行和落实能力，是建立在具体的计划和方案之上的，是建立在总部强大的专业职能体系之上的，同时也是建立在广泛的沟通、交流、协商、引导乃至争论之上的。

与这种委员会式的"集体决策"相对应的是"个人负责执行"。在"集体决策"形成了"协同意愿"以及"行动计划"和"实施方案"的条件下，必须依靠个人来承担执行的责任，并且必须自上而下，一竿子插到底，所谓"左右管到边，上下管到底"。从中我们可以看到，将管理作为理论是有问题的，管理作为实践，只是按照计划和方案行事，防止跑偏，即发现偏差、纠正偏差，如此而已。

第 8 章　委员会的沟通职能

斯隆认为，政策的执行必须依靠个人，代表公司总部的责任者就是执行委员会的执行总裁，代表事业部的责任者就是事业部的总经理。在通常情况下，执行总裁要向事业部总经理解释清楚政策及其计划和方案，以便于事业部总经理落实并见到成效，这样执行委员会就算完整地履行了政策的制定、推行和落实的职责。在紧急情况或突发事件下，执行总裁有最终裁决的权力，以最大限度地避免状况的急速恶化。

委员会是解决难题的途径

委员会不仅是集体决策的方式，也是解决企业中具体问题的途径。斯隆很清楚，企业在谋求共同利益的时候一定会遇到种种矛盾、冲突和障碍，经过委员会的沟通与协商途径，才能让事情得到圆满解决，并且不会伤及事业部的利益和自主经营意识。

专项任务委员会

1922 年，斯隆接受了"集中采购"的专项任务，为此在公司总部成立了"集中采购"的专业职能部门，下辖采购专员的队伍，形成自上而下的专业职能体系。这就带来一个问题，如何协调执行委员会、总部专业职能部门和事业部之间的关系，尤其是如何调动各个事业部的积极性，使"集中采购的职能"在通用汽车公司顺利地建立起来。

为此，斯隆坚持一贯的思维，借助委员会沟通协调的途径，成立了"综合采购委员会"，来完成这项任务。毫无疑问，综合采购委员会与执行委员会、财务委员会是不同的，是一种为了完成专项任务而设置的委员会，可以称为"专项任务委员会"。

斯隆希望综合采购委员会关注两个问题，一个是它产生的直接价值，另一个是作为事业部协调时它所体现出的附加价值。

他认为，集中采购的直接价值在于能为整个公司每年节省500万~1 000万美元，其中涉及轮胎、钢材、篷布、电池、滑轮、乙炔、研磨剂等物品的大宗采购。

集中采购的间接价值在于，它有助于控制库存，尤其是减少库存，在紧急情况下各事业部之间可以相互调剂物料，还能把握采购的有利时机，等等。

然而，各个事业部对于集中采购体系有所担心，比如，担心难以处理各个事业部对物料的多样化需求，从而影响事业部的日常生产经营活动；再如，担心削弱事业部自主经营的地位与权力，等等。

第 8 章　委员会的沟通职能

为此斯隆建议，综合采购委员会以从事业部抽调的人手为主，确保事业部的利益能够体现在采购的议决事项之中，并且对采购的政策、流程，采购的合同文本及其细节等具有最终的决定权。换言之，各个事业部是综合采购委员会议事决策的主导者，公司总部的集中采购的专业职能部门及其采购专员队伍，是公司采购政策的执行者而不是决定者。综合采购委员会与采购专员的关系是委托人与代理人的关系。这样，各事业部的具体需求和公司的总体利益就达成了平衡。

综合采购委员会大约持续运行了 10 年，发挥了很大作用，最为重要的成就在于为通用汽车公司的发展指明了方向，这就是零部件及其物料的标准化、系列化和通用化。

专项任务委员会的推广

斯隆认为，综合采购委员会的实践表明，它可以有效地打通执行委员会、总部专业职能部门和事业部之间的关系，并按照公司整体利益最大化的要求，妥善处理好"集中采购"这样见利见效的难题，值得进一步推广。

1922 年，公司做了一项消费者调查，发现整个美国几乎没有人了解通用汽车公司，因此，斯隆认为应该加强公司的宣传。巴顿、达斯丁和奥斯本为此提交了一份计划，得到了财务委员会和高层领导的批准并得到了事业部的认可。继而，通用汽车公司成立了由事业部经理和职员组成的"公共广告委员会"，来帮助巴顿实现计划，提升公司的知名度。

依据综合采购委员会的实践经验，斯隆强调，如果某个广告的主题主要针对某个事业部的某项产品，则这个广告必须得到那个事业部的批准。

另外，根据铜冷发动机开发项目的教训，斯隆进一步强调，要妥善处理专业职能部门"追逐新理念"与事业部"肩负生产经营任务"之间的根本冲突，需要一个能够让这些人在和睦的气氛中坐下来交换意见并消除分歧的地方或沟通交流的平台，最好有公司领导阶层的人员在场沟通交流，并在结束的时候做出总结性的发言，批准共同议决的事项，从而推动"实施专案"的研究和制定。

1923年9月，斯隆对"专项任务委员会"的意义与价值进行了总结，认为这种方式及其活动在集中采购领域与公共广告宣传领域非常有成效。杜邦先生明确表示，"即使忽略广告本身的效果，仅在建设通用汽车公司外部环境所取得的成就，以及委员会成员工作时所表现出来的精神，就足以抵消成本了"。

为此，斯隆建议推广专项任务委员会的实践经验及其原则，并相信这种做法将给公司带来巨大的成功。下一步推广

第8章 委员会的沟通职能

行动就是成立一个"综合技术委员会",并强调无论在何种情况下,这个委员会都不应干涉事业部内的具体工程设计工作,这是不可更改的基本原则。换言之,事业部的总经理将全权负责该事业部的活动,事业部的活动仅受到总部的原则性制约。

综合技术委员会的存在,不能也不应该破坏各个事业部自主经营的组织原则,而要增加一些帮助公司更好地发挥整体优势,为股东创造更大价值的运营方式与平衡机制。尤其是在公司高层领导、总部专业职能部门与事业部专业人员三方合作共事的情况下,可以就共同的议决事项形成行动计划和实施方案,并在明确各自职责的前提下分头行动。这样就能保证各事业部和公司之间的平衡,并且不影响各个事业部的独立性、自主性与创造性。

1925年以后,各个事业部利用委员会的协调方式,从采购、工程设计,扩展到了销售领域,并取得了良好的成效。为了加强各事业部总经理之间的沟通和联系,并对执行委员会制定政策产生积极的影响,通用汽车公司成立了"营运委员会",主要的职责就是对各事业部进行评估,提出相应的意见和建议,执行委员会在综合各方意见和建议之后制定具体的政策。

委员会是厂商结盟的基础

"厂商结盟"的本质就是构建生产企业与商业企业之间的分工一体化的关系体系。这就需要应用巴纳德所揭示的"经理人员的职能",来协调企业之间的社会分工关系,而不是用传统管理的"看得见的手"来代替市场"看不见的手",操纵生产企业与商业企业之间的关系。很自然,委员会就越过了企业的边界,成为通用汽车公司与外部商家协同的机制。

传统的厂商交易关系

传统的厂商关系就是交易关系,彼此计算"量本利"。大约在1900年前后,随着铁路运输和电报通信的发展,美国肉联加工企业形成了托拉斯,批发和零售渠道网络覆盖全国,厂商一体化关系体系依然建立在市场"看不见的手"的基础上,稳定的交易关系链依然建立在"成本、价格和利润"的概念上。

通用汽车公司与经销商的关系,大体也是如此。借用斯隆的话来说,在1920年以前,通用汽车公司与经销商的关系比较松散,只是签署一份有条件限制的销售协议,界定彼此的基本责任与权利。比如,协议要求经销商有展厅、资金、场地、销售人员以及服务规范等;而通用汽车公司也只是承

第8章 委员会的沟通职能

诺通过"特许经销商"这一种渠道销售汽车，不放货给"非特许经营"的经销商。另外就是通用汽车公司对特许经销商的支持，主要包括支持广告、宣传和推广方面的活动，指导和帮助经销商做好运营，提供专业方面的培训等。

斯隆意识到，通用汽车公司与经销商之间的关系可以变得更加紧密，应该加强对经销商的扶持，把经销商变成通用汽车公司的"合作伙伴"。1920年以前，通用汽车公司与经销商的沟通状态仅限于销区经理与经销商的接触，主要是洽谈销售业务，解决一些经销业务上的麻烦与问题。

经销商顾问委员会

当斯隆主持通用汽车公司运营工作以后，明确要与经销商建立更好的"沟通方式"。当时的斯隆也不知道用什么样的方式，可以在"持续沟通"中"持续解决问题"。

为此，斯隆经常带着总部以及事业部的人员去拜访经销商，他们了解到经销商在和事业部负责人进行接洽的同时，也想和总部直接联络，进行一些更实质性的沟通，解决一些根本上的难题。

于是在1934年，斯隆着手创建了"通用汽车经销商顾问委员会"。这个委员会最初由48位经销商组成，分成4组，每组12人，他们可以和公司的高层管理人员会面。之所以成立这个顾问委员会，就是为了保证圆桌会议能够持续来讨论分销问题。

斯隆作为公司的总裁，成了这个顾问委员会的主席；负责分销的副总裁以及一些其他高级管理人员也成了该顾问委员会的成员。顾问委员会的第一项任务就是制定出能够改善经销商关系的政策。会议处理的主要是政策问题，而不是政策的行政管理问题。

顾问委员会具体负责的主要工作就是讨论，这些讨论有助于构建平等的经销商销售协定的基础政策。这种销售协定开发出来以后，为通用汽车的专卖权带来了增值的效果，并支撑了通用汽车的零售业务——平均每年销售额高达180亿美元。

深化厂商合作关系

1937年，经销商顾问委员会合作共事了三年，厂商一致希望能从根本上解决问题，而不是采用简单省事的"权宜之计"。比如，在解决利润这个核心问题的时候，"不应该从提价的角度去考虑，应该让我们的业务发展有序并找到办法，这就是提高效率，而不是把我们的无效，通过提高零售价格的方式，转嫁到市场上"。

除此之外，经销商顾问委员会还要处理一些更为具体细

第8章 委员会的沟通职能

致的政策性问题，比如"销售协议的取消"问题等。

另一个非同寻常的通用汽车经销商组织——经销商关系理事会，创建于1938年，它起到了检查评估的作用，可以让心有怨言的经销商直接和公司高层执行人员面对面诉苦。斯隆是这个理事会的第一任主席，当时还有三个高层执行人员加入了这个理事会，有时候理事会成员整天都在听一个案例。这个理事会的主要作用就是阻止——阻止事业部的各种不当行为。这就意味着各事业部必须确信他们的行为非常正确、可靠，并且不断寻找以改正他们在处理经销商问题上的不当之处，因为事业部以及经销商都已经进入了高层人员的审查范围。

那个年代，通用汽车公司在斯隆的带领下对帮扶经销商可谓不遗余力，远远走在了同行前面，因为斯隆很清楚，经销商是通用汽车公司的事业伙伴，经销商成功了，通用汽车公司也就成功了。

1919年，通用汽车成立了金融服务公司，为经销商和消费者提供零售信贷消费，是汽车史上最初的几家汽车消费金融机构之一，它填补了常规金融机构留下的空白，截至1963年，通用汽车金融服务公司在零售信贷消费方面的年业务量达到了40亿美元，在支持经销商从通用汽车购车的批发信贷消费方面，年业务量达到了90亿美元。

此外，还有于1927年成立的"汽车会计公司"，陆续帮助所有经销商建立了标准的会计系统与审计系统，这不仅使得通用汽车公司的各事业部和总部能对分销系统的全貌看得一清二楚，知道哪儿有不足以及如何解决，还能切实帮助经销商把控库存及物流的实际情况，及时发现运营中的问题，厘清其业务头绪，并在问题造成伤害之前进行修正，一句话，用真实的经营数据帮助经销商挣钱。

在帮扶经销商的过程中，斯隆发现，挑选并帮助那些有能力但缺乏资金的人成为能够带来利润的通用汽车经销商，是构建有效经销体系的重中之重。当时的通用汽车金融服务公司副总裁亚伯特·迪恩（Albert Deane）和唐纳森·布朗（Donalson Brown）负责将这个想法变成可行的计划，于1929年6月组建了通用汽车控股公司，由迪恩出任首任总裁。

1936年，这家子公司变成了汽车控股事业部。这个事业部的职能就是为经销商提供资金，并临时享受相应的股东权利与义务。通用汽车公司首期投入250万美元用于启动这个子公司，度过了试验阶段之后，发现这是公司在分销领域所能想到的最佳办法。更重要的是，这个子公司的真正价值是，公司由最初的以拯救破产经销商为目的，转向以优惠的条件向有能力的人提供帮助——不仅是资金帮助，还包括提供管

第 8 章 委员会的沟通职能

理建议以及对他们进行正确的经销培训。汽车控股公司开发了一些管理技巧供经销商使用,这确实帮助经销商提高了盈利的可能性。它还发现了一些合格的经销商,并为他们提供了适当的资金支援,帮助他们盈利以返还汽车控股公司的利息,并最终获得独立。

其结果就是,1929 年到 1962 年底,通用汽车控股公司在美加地区投资超过 1.5 亿美元,合计扶持了经销商 1 850 家,而这些经销商共计卖出了超过 300 万辆轿车,总利润超过了 1.5 亿美元。

诸如此类关键举措和有效沟通的方式方法的适时推出,形成了强大且统一的经销网络体系,不仅有效地扼制了福特汽车公司的发展势头,最重要的是,经销商被组织起来了,它们的热情和能量被激发出来了,可以成为通用汽车公司生存竞争的市场力量。

对通用汽车公司来说,沟通是一个持续的过程,是一个持续协同的过程,是一个持续把各方的能量转化出来、共同发展的过程,这进而切实有效地形成了厂商之间分工一体化的关系体系。

CHAPTER 9
第 9 章

财务在企业经营中的作用

通用汽车公司的财务管理在企业经营中的作用是：①依靠财务管控，稳住了企业的经营；②通过财务业务一体化，穿越了经济周期，走上了内涵式的发展道路；③加强财务运筹能力，维持了各方利益的平衡，使企业经营业务和财务资源两者同步增长。斯隆认为，通用汽车公司的成长历史，就是财务资源增长的历史，两者相辅相成。财务资源的增长不只反映了公司成长的历史，更重要的是财务资源的运筹促进了公司的成长。

从财务入手治理企业

让一个企业从混乱变得有序应该从哪儿开始，或者说，治理一个企业应该从哪儿入手？无非两个方面，开源与节流。开源需要时间，节流说干就干。千万别相信管理学说的那一套，从构建治理结构开始。学者一思考，上帝就发笑，企业准乱套。斯隆是行家里手，做事直截了当，从节流上下功夫。说白了，就是不能乱花钱，钱要花在刀刃上，无利不花，有利则花，从财务管控入手，建立财务监管系统以及规章制度，逐渐使企业呈现有序的状态。

初始的混乱状态

1921 年,斯隆正式担任通用汽车公司副总裁,进入公司的执行委员会,主抓运营,并于两年后出任总裁。当时公司处于极其困难的境地,亟须全面治理整顿,可以说是受命于危难之际。

在这之前,1918—1920 年,通用汽车公司在杜兰特的领导下,进行了大规模的扩张,包括收购并组建了加拿大通用汽车有限公司、通用汽车金融服务公司、通用汽车零部件有限公司(即联合汽车公司),并对新公司进行了巨大投入,包括厂房、设备与库存物品。与此相对应,汽车市场需求却疲软,公司收入大幅度减少,处在入不敷出的状态。

此外,公司总部对各事业部拨款没有节制,各事业部之间又缺乏有效协同,与此同时市场需求突然下降,造成整个公司的现金流短缺。这又反过来使各事业部的生产经营业务更加疲软,公司危机的严重程度超乎想象。

斯隆及其执行委员会直面的难题是:拨款超支、库存失控,以及由此引发的现金短缺。为此,斯隆从财务管控入手,采取了四项措施:资本拨备管控、现金管控、库存管控、生产管控。

资本拨备管控

1920 年 6 月,通用汽车公司成立"拨款提案规则委员会"(简称拨款委员会),斯隆担任拨款委员会主席,并向"执行委员会"提交了一份具有历史性转折意义的报告。他主张所有投资项目都需要报备提案,经审核通过之后才能拨款。拨款委员会的评估与审核的要件如下所示:

(1)项目是否符合商业逻辑或者有必要吗?

(2)项目技术成熟吗?

(3)符合公司的整体利益吗?

(4)项目的相对价值如何?包括项目本身的投资回报率、对公司整体运营的价值以及与其他项目的比较优势等。

说白了,所有申请拨款的项目提案,都必须经得起以上要求的严格审查,凡经不起审查或者不能令拨款委员会满意的,申请拨款的提案一律不予通过。

即便提案通过审查,也不一定能拿到钱,还需要通过拨款委员会的进一步的评估与审核,最后再提交执行委员会或财务委员会以获得批准。这个环节要确认的是,该项目对公司的整体发展是不是不可或缺的,如果不是不可或缺的,将暂缓放款。

这是一套严格的审批程序,所有重大和重要的花钱项目,都必须经过这个程序的严格认证。公司总部有明确的《拨款手册》,指明哪些花钱较多的项目必须通过严格的审批程序。对于手册规定之外的项目，各事业部可以便宜行事。

总部对拨款项目还要追踪检查，要求各事业部向拨款委员会提交月度报告，经拨款委员会整理，递交财务委员会审核，若发现问题，及时纠偏或终止拨款。

现金管控

1920年，通用汽车公司现金管理的状况是，每个事业部都管控自己的现金，所有收益都留到事业部自己的账上，所有费用也从该账户向外支付。

对于如何把现金从有结余的事业部调拨到有需求的地方，公司总部还没有建立有效的程序。此外，集团总部作为运营实体，还必须支付红利和税收，以及诸如房租、薪资和总部人事等其他费用，也需要现金周转。

1922年，斯隆主持建立了一套统一的现金管控系统，从而彻底改变了这种局面。具体举措是，公司总部在美国约100家银行建立储蓄账户，记在通用汽车公司名下，所有收入都汇入这些账户。所有取款交由公司总部的财务部门管理，各事业部无权转移这些账户的现金。

公司总部的财务部门会给各地的储蓄账户设置最低限额和最高限额，使银行间的资金转移能够迅速自动完成。有现金需求的事业部，可以向公司总部提出申请，通常在两三个小时之内，资金就可以通过银行电汇，从一座城市转移到另一座城市，快速帮助那些有需求的事业部。

这套新的现金管控系统，还扩大了公司在信贷供应方面的界面。通过与多家银行建立起良好的工作关系，通用汽车公司获得了更高的信贷额度，足以从容应对市场需求突然增加的状况。

库存管控

1920年，库存问题排在通用汽车公司需要解决的各项应急事务中的第一位。由于各事业部总经理对原材料和半成品的采购缺乏控制，到了1920年10月，整个公司这两项生产物料的总成本达到了2.09亿美元，超出最高限额5 900万美元，并远超各工厂当期用量的总和。

斯隆提议，财务委员会应该采取临时应急措施，从各事业部那里接管库存。财务委员会于1920年10月8日成立了由普拉特担任主席的"库存委员会"。

库存委员会即刻发出一封由总裁签名的亲笔信，告诉各事业部总经理立刻停止采购，所有已采购的物料也要停止发货，并要求各事业部总经理向库存委员会提交月度预算报告，报告内容包括未来四个月预计的销售额，以及预计的生产物料和薪资总额。

库存委员会审核报告后,和各事业部总经理讨论,双方达成一致意见之后,由库存委员会按月控制生产物料的放行。

经过一段时间的运行,失控的库存问题得以控制和减少。1921年5月,财务委员会决定放弃这项应急措施,取消库存委员会,并制定出一套库存政策,把库存管控以及相关的一些运营问题交由运营副总裁负责,使库存管理的职责重新回到经营业务的主线上,回到各个事业部。

生产管控

在1920年的库存危机期间,管控成品库存继而管控生产,成为一项急待解决的严重问题。

为此,斯隆要求各事业部总经理定期提供工厂实际产销量的滚动报告,包括未来四个月的预计销售额、产量和收益,以及厂房投资、运营资金和未清账库存的状况。滚动报告每10天递交一次。

1924年,这个滚动报告体系延伸到了经销商,要求经销商向各事业部报告卖给消费者的轿车和卡车数量、卖给消费者的二手车数量以及新车与二手车的库存数量,也是每10天报告一次,以帮助事业部和总部及时了解市场状况,精准地做出新的销售预测,进而采取更有效的举措,确保各事业部在产销上的对接,并大大提高了经销商的库存资金周转率与利润率。

每个经理人必须掌握的本事，是财务上的管控能力。财务反映的是企业经营状态，控制财务资源就是要控制企业经营状态。从财务资源失效的事项入手，来改善与调控经营中的各个相关环节，不仅可以改善企业的财务资源，更重要的是还可以改善整个企业的经营状态。

借用斯隆的话说，通用汽车公司最终能够打败福特汽车公司，有赖于事业部制的经营体系以及相应的财务管控能力。

用杜邦公式调控经营业务

杜邦公式是由法兰克·唐纳森·布朗在 1912 年发明的。1921 年初，他随杜邦公司加入通用汽车公司，在杜邦公式的基础上设计了一套财务管控的方法。斯隆依据这套方法展开实践，成功地解决了事业部制条件下的财务管控方式问题。

杜邦公式的表达

杜邦公式作为一种理论，揭示了三个财务概念之间的内在关系，即总资产收益率 = 利润率 × 资产周转率。其中：利润率 = 净利润 / 营业收入，总资产收益率 = 净利润 / 总资产，资产周转率 = 营业收入 / 总资产。

杜邦公式中最重要的概念是资产周转率，这与营业收入的概念挂钩了，也就是说，资产周转率越高，营业收入就越多，资产的利用效率就越高。而营业收入的概念又和产量、成本与价格挂钩，这样就可以对经营业务进行深入的分析和评估，进而可以有针对性地改进与改善。

自1917年以来，通用汽车公司的财务委员会一直坚持"合理的投资回报率"原则。这是一个企业发展的最基本原则，也是美国其他一些企业始终坚持的原则。

布朗把投资回报率定义为关于利润率和投资周转率的一组函数，即"投资回报率＝利润率 × 投资周转率"。在这里，布朗改变了杜邦公式的形式，变为"总资产收益率＝利润率 × 资产周转率"。这样就可以对各个事业部的投资回报率以及经营实况进行分析和评估了。

布朗对"利润率"和"资产周转率"这两个要素都进行了拆分，拆分成"利润率＝净利润/营业收入"和"资产周转率＝营业收入/总资产"，这样就可以深入分析各事业部的运营状态以及损益结构了。

确定经验数据

这里关键是要对历史的经验数据进行统计分析，确定总资产的构成基准，明确各事业部的固定资产和流动资金，明确在正常年份各个事业部应该占有的固定资产是多少,流动资金是多少。

然后再根据历史经验数据,明确各事业部的各项费用开支,主要是各项生产活动的费用开支和商务活动的费用开支,进而结合未来的发展规划进行适当的调整,最后明确各事业部固定资产和流动资金的基准。再将由此制定出来的标准和实际的运营情况进行比较。

这样,公司总部就可以将各事业部额定的固定资产、流动资金和成本费用,与实际运营的费用结果进行比较,看出每个事业部的投资回报率以及与之相对应的损益情况,包括营业收入的情况和费用开支的情况。如果营业收入低,那么总资产的周转率就低。如果费用开支高于额定的费用,那么总资产每次周转所带来的净利润就少。

这就需要进一步分析,究竟是由市场竞争因素引起的还是由事业部能力因素引起的。市场竞争因素主要是销售价格,这是由市场决定的,还包括原材料的价格以及人工费用等,这些都需要通过具体的对策加以解决。

杜邦公式的应用

市场竞争往往是不可抗力,会迫使企业接受低于预期的投资回报,甚至会使企业出现阶段性的亏损。另外,当出现通货膨胀时,企业实际的投资回报率会更低,或者说,表面上的投资回报率会掩盖实际上的利润损失。

至于如何提高利润率,提高营业收入,布朗引入了一套财务管控的方法,针对企业的不同阶段,提炼出了与管理效率相关的举措,比如库存管控、基于生产需求预估的投资规划、成本控制,等等。

布朗的杜邦公式内涵的理念是,通用汽车公司的经济目标不是取得尽可能高的资本回报率,而是取得与可实现的市场销量相匹配的最高投资回报率。这个理念很重要,它与后面要提到的产量、成本和价格的概念相联系。如果目标产量超过了事业部的能力与市场的接纳程度,就会影响到成本和价格,很难维持产量、成本和价格之间的长期平衡。最后,很难确定各事业部长期的投资回报率。

有了长期的投资回报率,就可以对各事业部进行管控,要求各事业部经理提供运营成果的月度报告,总部财务部门将报告中的数据输入标准化的表格中,进行统计、分析和评估,建立对各事业部投资回报率的考核标准。各事业部经理都会收到这份表格,里面阐明了他所在事业部的实际情况,使各事业部都知道自己的投资回报率在整个公司中的排名。

通用汽车公司高管层常常会对事业部的投资回报率报告进行研究,研究如何提高资金周转率和利润率,以便最终提

第 9 章 财务在企业经营中的作用

高投资回报率。

如果报告结果不令人满意,斯隆或者其他的高管就会和事业部经理谈话,商讨要采取哪些修正措施。

斯隆在担任首席运营官时期,在拜访事业部时都会带着一个小黑本,里面系统地记录了各事业部的历史数据和预测信息,其中还包括各事业部的竞争情况。这些数据并不能对问题自动作答,它只是让事实得以呈现,帮助斯隆根据事业部先前的运营或预算计划,来判断目前的情况是否与预期一致。

通用汽车公司由此开始了对运营人员的培养,帮助他们认识到投资回报率作为绩效标准的意义和重要性,帮助他们懂得如何为经理人提供有助于做出有效决策的数量依据。

依靠布朗的杜邦公式对各个事业部进行管控,不只是了解它们的运营状况以及损益结构,更重要的是,引导它们在各自能力范围内,为公司的长期投资回报率做出贡献,并依靠一套财务管控方法帮助它们提高业务经营能力,提高利润率和营业收入。

确定"标准产量"

1925 年初,斯隆采纳了布朗提出的概念,把一个明确的长期投资回报目标与多年期的平均产量或预估的"标准产量"联系起来。斯隆认为,长期投资回报目标是一把标尺,可以评估运营效率以及竞争对定价的影响。"标准产量"可以定义为，按照正常或者平均年度产能利用率计算得出的预期产量。

标准产量的计算方法中包含了这些元素：产量、成本、价格和投资回报率。在给定的产量、成本和价格的基础上，可以计算出预期投资回报率。如果预期投资回报率没有达成，则可能是由于竞争导致了价格偏差，或者某些成本超出了预期，这意味着企业需要关注成本。

标准产量的概念体现了一种方法，它可以让通用汽车公司基于多年期的平均产量，审视公司及各事业部的长期绩效和发展潜力。

布朗认为，衡量企业经营绩效根本性的思考在于长期的平均投资回报率是多少。所谓长期的平均投资回报，就是与企业健康发展相适应的最高预期回报，也可以称为"可实现的经济回报"。

有了这种方法，通用汽车公司就不会忘记长期盈利目标，并能在评估价格的时候，时刻知道竞争因素对公司实现目标的阻碍程度。当然，布朗的这个概念只是理论性的，因为无论产量如何，运营成果都取决于实际价格和当年总成本的相互作用，而实际价格是由市场竞争决定的。

尽管如此，这个衡量标准并不会受到短期产量波动的影响，通用汽车公司可以由此厘清当前运营成果与长期利润目标的偏差程度，进而对造成偏差的内在原因进行全面评估。

尽管在制定价格方面绝无僵化的具体规则可循，但是可以制定出一套标准价格，来适当反映它与成本、产量和资本回报率之间的关系。这对于指导整个公司在个案上如何决策非常有帮助。

比如，当实际产量比标准产量高或低的时候，需要对生产情况加以研判。只要材料成本和工资成本相对稳定，那么不管产量如何，单位直接生产成本都趋于稳定。单位成本在低产量的年景里会上升，在高产量的年景里会下降。既然把单位成本确定为衡量标准，为了避免产量波动对单位成本的影响，就应该在标准产量的基础上来计算单位成本。这里说的产量必须足够大，能够满足汽车行业周期性和季节性的高峰需求。标准产量将运营中的一些必要因素也考虑了进来，包括产量的参差不齐和生产的长期性。

在实践中，通用汽车公司的标准产量接近于多年期的平均产量，尽管具体年份的产量各有不同。由于在成本核算中引入了标准产量的概念，通用汽车公司就能够做跨年度的成本评估与分析了，而不会受某个工厂产量波动的影响。单位成本的变动只反映工资、材料成本和运营效率的变化，不会受每年产量变化的影响。更重要的是，标准产量的单位成本提供了标杆，可以用来评估成本与价格的关系，同时，也提供了具有一致性的单位成本数据,可以用来和实际的单位成本进行比较,进而用于评估月度和年度运营效率。

标准产量的成本核算方法还针对生产费用制定出了详细的操作标准,这点很重要。

防止"外延扩张"

除了确定标准产量,还有一种方法是根据实际或预期的产量,按照实际单位成本来严格定价。

考虑到通用汽车公司的固定成本很高,这就意味着在高产量时期单位成本会下降,而在低产量时期单位成本会上升。在低产量时期,即便市场竞争允许通过提价来回补单位成本的上升,这也有可能导致销量的进一步下滑,其结果就是利润降低、就业减少、经济遭受打击。在汽车行业这种高周期性的行业里,采用实际单位成本的评估方法,无论从经济角度还是从社会角度来看都是不合时宜的。

斯隆认为,任何一年的净收入必然反映所有的实际成本,它受产量的影响非常大。无论业务好坏,固定成本都是通用汽车公司必须承担的。如果通用汽车公司的产量低于标准产量,那就只有一部分的总固定成本可以分摊到单位生产成本里,没有分摊的部分就必须从净收入中扣除。相反,如果实际产量高于标准产量,那么总的净收入就会提高,因为固定成本会被摊薄到更多的产品当中去。

综上所述,利润是个剩余值,它取决于制造商在竞争市场上有多大能力,可以把成本控制在售价之下。也就是说,利润就是产品在竞争市场上的售价与总成本之差,它受产量的影响非常大。

随着斯隆基于"财务因素"的财务控制手段的实施,通用汽车公司很好地应对了1932年的经济大萧条,有效地控制了各项影响长期投资回报率的变动因素,将产量、成本和价格等变动因素控制在各个事业部的能力范围内。尽管销量下滑,却没有像1920年那样出现士气低落的现象,公司账目上仍然保持盈利,这种状况没有多少公司能做到。

对中国企业来讲,依靠"财务因素"对企业经营业务体系进行管控是十分重要的,100年前布朗在通用汽车公司导入的杜邦公式以及一套财务方法,还有斯隆的管理实践,至今依然有效,值得我们学习。

财务与业务的良性循环

财务是一种资源,本身需要运筹。财务还需要和经营业务配合起来,形成良性的循环,避免财务资源的枯竭,以有效支持经营业务的发展。这就是财务业务一体化的概念，两者相互依存、相互作用。

景气年份的财务运筹

1908—1929年，通用汽车公司为了长期业务的扩张，进行了大规模的资本投入，其中包括投资厂房和设备以及收购公司，收购主要是对雪佛兰和联合汽车公司的收购，还有对费希博德60%的股权的收购。同时通用汽车公司的运营资本也大幅度增长，主要是由于库存资金占用，因此通用汽车公司不得不借助资本市场筹措资金。1918年，通用汽车公司向杜邦公司出售24万股普通股；1919年，通用汽车公司公开出售6%的企业债券。

值得庆幸的是，这些投资在经营上有了好的结果。1925年，轿车和卡车销量达到83.6万辆，比1922年的45.7万辆增长了约83%，而且库存减少了，净运营资本增加了。

总之，这个时期通用汽车公司用更经济的手段生产出了更多的轿车，净利润在1923—1925年的三年间总计为2.4亿美元。公司把其中的1.12亿美元分给了普通股股东，把2 200万美元分给了优先股股东，合计1.34亿美元，约占同期净利润总额的56%。

这段时期的扩张计划扩大了轿车的产能，尤其是雪佛兰事业部和新成立的庞蒂亚克事业部，其中雪佛兰的销量几乎翻了一番。通用汽车在美国和加拿大的轿车与卡车销量从1922年的45.7万辆增长到1929年的189.9万辆，增长了三倍多，同期销售额增长了两倍多，从4.64亿美元增长到15.04亿美元，库存失控问题在这期间没有再出现。

经济大萧条时期的财务状况

1932—1934年的大萧条期间，美国和加拿大的轿车和卡车产量重挫75%，从560万辆直降到仅140万辆，而同期的销售额降幅更大，从51亿美元暴跌至11亿美元，跌幅达78%。然而公司在这三年间仍然盈利2.48亿美元，并给股东派发红利累计3.43亿美元，超出公司盈利。

由于公司的财务和运营管控系统的快速反应，因此公司能做到让库存的下调与销售的跌幅保持一致，同时控制成本，确保盈利。

到1935年，美国和加拿大工厂的轿车和卡车销量已经恢复到150万辆，约占1929年产量高峰期的80%。1936年，公司派发了创历史最高的2.02亿美元红利，1937年派发的红利达到1.7亿美元，在这两年里，派发的红利占到了公司净利润的85%。

1935年，公司斥巨资进行厂房设施的现代化改造和更替，于 1938 年完成。在 1940—1945 年的六年时间里，通用汽车公司获得了大量的政府生产订单，公司迅速从美国最大的汽车生产商转变为美国最大的战争物资生产商。战争结束后，公司又迅速投入和平时期的生产，这种应对能力来自公司的经营体系和周密规划。1940—1944 年，股东累计收获 77% 的公司净利润，而公司的资金流动性增长良好。

战后 17 年的财务运筹

第二次世界大战（简称"二战"）后通用汽车公司进入新的扩张期，1946—1963 年的 17 年间公司的工厂支出超过 70 亿美元，净运营资本增长了 27.53 亿美元，公司的净利润累计 125 亿美元，留存利润超过 45 亿美元，约合 36%。

借助留存利润的再投资和新证券的发售，公司动用资本可用于投资的资金从 13.51 亿美元跃升到 68.51 亿美元。

早在战争结束前，公司就对战后的业务发展进行了全面规划。因此在距离战争结束还有两年的时候，公司就在为轿车和卡车重回大规模生产做准备，每个事业部都有详细的扩张计划，另外，公司还针对数以千计的供应商和转包商制订了和平时期的"伙伴关系延续计划"。

这个时期，股票和企业债券的发售使得公司在执行好扩张计划的同时，能够继续推行丰厚的分红政策。

第 9 章　财务在企业经营中的作用

在 1958 年的经济衰退时期，公司在美国生产的轿车和卡车的销售额较前一年减少了 22%，但单位销售额的下降对盈利造成的冲击被有效缓解了。1958 年公司每股盈利 2.22 美元，仅比 1957 年的 2.99 美元减少 25%。这些成果很大程度是由于公司多年来建立起了有效、及时的财务管控措施。

尽管通用汽车公司的工厂总资产从 1946 年 1 月 1 日的 10.12 亿美元，增长到 1962 年 12 月 31 日的 71.87 亿美元，以美元计价的增长超过了 6 倍，并且融资来源于留存利润和计提折旧储备金，但公司仍然支付给股东总计 79.51 亿美元的红利，约合净利润的 64%。在这一时期，每股红利从 1945 年的 0.5 美元增长到 1962 年的 3 美元，股价从 12.58 美元增长到 58.13 美元。纵观战后时期，股东获得的回报颇丰。

综合上述，1917—1962 年，公司员工人数从 2.5 万人增长到超过 60 万人，股东人数从不到 3 000 人增长到超过 100 万人。美加地区的汽车销量从 20 万辆增长到 449 万辆，此外，在海外的销量达到了 74.7 万辆。在这一时期，销售额的增长更快，从 2.7 亿美元飙升到 146 亿美元，总资产从 1.34 亿美元增长到 92 亿美元。并在长达 45 年的时间里，公司的分红总计接近 108 亿美元，占公司总盈利的 67%。

从斯隆的实践中我们可以感悟到，现代企业经营体系的重要组成部分是现代财务资源的运筹。没有财务运筹的思想和意识，没有与相关者共享利益，没有与股东（包括投资人股东和经理人股东）共享利益，企业在运营上就很难获得所需要的支持和资金，财务资源就会逐渐趋于枯竭，因此企业的领导阶层及经理人阶层必须懂得财务资源的经营，成为财务资源运筹的行家里手。

10

CHAPTER 10
第 10 章

技术进步的地位和作用

对企业经营来说，最重要的概念是技术进步，企业经营的关键是技术的进步。分工与组织为应用技术创造财富提供了条件，技术进步是财富的源泉，技术转化为产品的能力是盈利能力。没有一种资源和条件能像技术那样在财富创造上具有无限的潜力。促进技术进步是企业经营中的头等大事，也是工程师转变为职业经理人、开创企业职业经理人时代的根本原因。

科学发展与技术进步

技术的进步离不开科学的发展，科学发展是技术进步的基础。科学的发展是一个国家的事情，是国家鼓励和支持的事情。企业能做的事情就是将科学的发现，转化为技术的发明，转化为产品的盈利能力。所以习惯上把科学研究与技术开发称为研发，简称 R&D。

认清技术的来源

一般而言，从科学到技术要经过"三段研究"——基础研究、应用研究和开发研究。再优秀的企业也只能从开发研究入手，推动技术的进步，推动技术转化为产品，转化为获

第 10 章 技术进步的地位和作用

利的能力。基础研究和应用研究一般是国家的事情，是国家级的研究院或大专院校的事情。

与基础研究相联系的结果是科学的发现，与应用研究相联系的结果是技术的发明，技术的发明是工程技术人员的事情，包括寻找科学发现的应用领域，形成可应用的技术活动领域。技术活动领域的自然延伸就是开发研究，进而形成生产活动领域和商务活动领域，形成新产品的开发、新生产工艺路线的开发和新市场业务的开发。

亨利·福特围绕着 T 型汽车的开发，进行了一系列材料方面的研究，这种研究属于应用研究的范畴，是比开发研究更为基础的研究，涉及金属结构和热处理，涉及一些科学研究成果的应用。

亨利·福特曾经说过，工业技术的潜力是无限的。索尼公司的盛田昭夫也说过，技术是创造财富的源泉。

斯隆认为，"通用汽车是一个工程组织，因此通用汽车的进步和技术的进步联系在一起，通用汽车为此付出的努力也将永无止境。对于汽车行业来说，永恒的动力来自加速技术进步，比如把科技成果应用到产品与制造中，以及缩短产品开发与生产的时间差"。

为了实现这些目标，通用汽车在很早以前就把职能部门和运营部门进行了区分，并且在 20 世纪 20 年代初就组建了研究部，大约10年之后又组建了工程部。到了60年代，通用汽车公司有四个技术部门，分别是研究实验室、工程部、制造部和外观设计部，技术部门被安排在底特律附近的"通用汽车技术中心"一起办公。

企业的"应用研究"领域

通用汽车公司的主流研究，尤其是汽车领域的应用研究，一直在技术天才凯特灵领导的代顿实验室中进行。

1955年，公司任命了一位杰出的核能科学家劳伦斯·哈夫斯塔德担任研究副总裁。他并不是一名训练有素的汽车工程师，也从未与任何一家汽车公司搭上过关系。他的到任反映出通用汽车公司开始注重应用研究和开发研究，把开发研究又向前推进了一步，与应用研究连接起来。

同时，公司强化了通用汽车研究实验室的职责。如同亨利·福特一样，通用汽车研究实验室开始从事一些技术性的开发研究，比如，解决公司生产中遇到的技术麻烦，运用专业技术知识消除齿轮噪声，检测铸件的材料缺陷，减少震动，等等。再如，通用汽车研究实验室从事一些工程技术方面的研究与改造，诸如改进传动液、轴承、燃料、高压缩比发动机、制冷剂、柴油发动机、金属与合金钢等的开发与应用以及空气污染治理，等等。

第 10 章 技术进步的地位和作用

斯隆认为，随着科学技术取得巨大成就，整个汽车产业界开始步入"研究时代"。然而，工业中"研究"这个词有很多种含义，它可以是科学发现，也可以是先进工程技术的发明。对于"研究"大家一直难以找到一种界定方法，把更加基础或根本性的研究和应用型研究区分开来。普遍认同的观点似乎是，基础研究只是探索新知。因此，基础研究主要在于大学和政府，但近些年来工业企业也开始思考并关心基础研究了。

向"基础研究"渗透

为了培养更高端的科学人才，斯隆尝试通过"斯隆基金会"资助了大学的一个物理学基础研究项目。

斯隆认为，产业界参与的科学研究可以分为两个部分，分别是产业组织内部的应用研究以及产业组织资助的外部基础研究。由于基础研究成果是知识转化为产业应用的基础，因此，产业界对大学的基础研究进行资助，既合适也体现了开明的自利。从长期来看，这有助于产业的发展。但科学家主要是为了探索新知，产业界则是希望把知识转化为最终的应用，因此需要一个折中方案。比如，产业界可以聘请科学家从事行业领域的应用研究，科学家的研究兴趣与产业界的研究兴趣要一致，即便各自的动机不同也没关系。这里讲的

"折中"并非针对动机而言,而是指双方感兴趣的目标领域是一致的。科学家眼里的应用研究可能就是产业界的探索性研究。斯隆认为这样的应用研究是值得产业界参与的,因为无论科学家的公心和动机如何,产业界对于研究的应用都抱有合理期待。为了避免研究活动受到某种约束,产业界和学术界需要并肩合作。

总之,基础研究是为了探索新知,主要是大学承担的职责,产业界应该对大学的基础研究给予支持。对于产业界和科学界共同关心的应用研究课题,产业界参与其中有着特殊的意义,这可以使应用研究的成果转化得更快。同时,产业界可以建立应用研究小组,聘请在基础研究领域成果丰硕的科学家,提升产业实验室和企业的成效与声望。

从斯隆及其通用汽车公司的实践可以看到,通过应用科学技术的进步来推动产业的发展,已经成为历史的潮流。应用科学技术进步、推动经济发展的主体力量是工业企业。

产品竞争力上的技术

技术是一个非常宽泛的概念,很多企业都知道要引进技术、开发技术、挖掘技术的潜力等,但是不知道技术是什么,

第 10 章 技术进步的地位和作用

技术在哪里,从哪弄来技术。对企业有价值的是产品技术,体现在产品的质量、成本、交货期上,体现在产品的市场竞争力上,体现在产品的盈利能力上,而不是体现在单独存在的技术知识上。只有当企业发现了自己产品的缺陷时,技术才会被发掘出来,应用在改善产品的工作上。当产品变得更好了,我们才会感知到这里面有技术,感知到工程技术人员做出了努力。

寻找产品的问题

通用汽车公司成立了"综合技术委员会"后,加强了整个公司工程技术人员之间的交流与合作,而且取得了一个最重要的成果——制定了"公司的产品政策",明确了公司的产品发展路线及其规范。

至此,通用汽车公司的高层发现,无法有效地统合各个事业部的工程职能,无法有效打通公司总部的研究职能与各个事业部的工程职能。通用汽车意识到需要成立一个公司级的工程部,来保证汽车的工程质量,保证新概念汽车以及它在工程质量上的行业领先地位。

工程部是公司研究实验室和事业部工程职能之间的桥梁,主要从事新工程概念的设计与开发,并对它们的商业应用进行评估。

在1923年前后，公司发现各事业部的工程实物差别很大，工程质量也参差不齐，并且各事业部之间缺乏信息交流，缺少信息交流的手段与方式。

为此，综合技术委员会把研究人员、事业部工程师和公司高层组织到一起，定期交流和研讨工程技术方面的问题。

研讨结果聚焦在了一个问题上，那就是通用汽车公司应该建立一个标准化的测试场，先弄清楚自己生产的汽车有没有问题，如果有问题，问题究竟出现在哪些方面，等等。

在此之前，轿车是在公路上进行测试的，因此不太容易判断测试车上的驾驶员是否曾在路边停过车、打过盹儿，然后为了找补落下的里程，以超过测试要求的速度行驶。以前就发生过一起作弊事件，一位汽车测试员为了达到发动机测试要求的里程数，居然把测试车停在舞厅外面，用千斤顶举起空转。诸如此类，不胜枚举。

对产品进行测试的手段

产品的技术首先体现在对产品的测试上，只有发现问题，找到原因，才能改善产品，才会有新概念、新知识、新手段——统称为新技术。

1924年，通用汽车公司修建了测试场，设有不同类型的路况，比如高速路段、不同的斜坡、平坦路段、崎岖路段

第10章 技术进步的地位和作用

以及涉水路段。这样就可以在受控条件下,证明通用汽车的轿车在出厂前后的合格性,而且还可以对竞争轿车进行全面测试。

这个测试场就建在密歇根州的米尔福德,面积1 125英亩[一],后来扩展到4 010英亩。通用汽车公司自建测试场在行业中是首创。

当时,斯隆每隔一周就会花上一天一宿的时间到测试场考察,仔细查看通用汽车和竞争对手汽车的工程技术以及汽车测试的方法。可以说,测试场给通用汽车的经理人和技术专家提供了绝好的机会,从工程技术的角度了解汽车行业的动态。

后来,通用汽车公司又在亚利桑那州的梅萨修建了一个专用的沙漠测试场,在科罗拉多州的马尼图斯普林斯修建了一个山路测试场,并建成了服务于测试车辆的修理厂。

建立工程技术体系

只有弄清楚产品的问题,才会有进一步改善产品的新创意、新思路、新知识和新方法。接下来,自然就是组织工程技术的力量去实现这些新想法,持续推动产品的进步。正所

[一] 1英亩 = 4 046.856平方米。

谓想法决定做法，思路决定出路。

通用汽车公司对自己的汽车和竞争对手的汽车进行持续测试之后，自然会发现一大堆问题，也会产生一大堆想法。

由此，综合技术委员会有了进一步的想法，希望开发公司级的"前沿工程技术项目"，并与各个事业部协同起来，不断推进"年型车"的发展。同时，综合技术委员会建议组建"工程部"，形成总部的工程职能，进而形成整个公司的工程技术职能体系。

5年之后的1929年，亨特成为通用汽车公司主管工程的副总裁，接替斯隆成为综合技术委员会的主席，开始负责协调全公司前沿工程的开发任务，上述想法逐渐变成了现实。

在亨特的指导下，原来由各事业部负责的前沿工程划归为集团公司。然后通用汽车公司又创建了由工程师组成的旨在解决重要问题的"产品研究小组"。这种小组通常在事业部办公，从事的是公司总部委派的任务，由公司的预算来支持开支。

1929年，公司总部陆续成立了三个基于前沿工程开发的产品研究小组，第一个产品研究小组负责开发独立前轮悬挂，第二个产品研究小组负责为轿车开发全自动液压自动变速器，第三个产品研究小组负责对轿车发动机进行改进。最后，通用汽车公司把这些产品研究小组划归到了工程部,称为"开发小组",它们成为工程部的核心力量。至此,通用汽车公司工程部的职能体系及其运行方式基本成型,这一体系确保工程技术的新概念最快被发现,并应用到生产之中。

引进技术人才

技术是看不见、摸不着的,往往以素养、知识、经验和见解的方式存在于一个人的大脑中。引进技术人才是一件非常困难的事情,可遇不可求。也没有一种理论告诉我们该如何获得、留住并用好技术人才。当年斯隆弄清楚的就一件事情,即公司到底需要哪方面的技术人才。

等待产品外观设计人才出现

早在1921年,通用汽车公司在制定"产品政策"的时候就已经意识到,"外观设计对于销售具有非常重要的意义"。但直到1926年,当密封式车身成为市场主流的时候,斯隆才开始着手解决外观设计中的实际问题,使外观造型与车辆底盘匹配起来,让车辆更加协调、美观与安全。

斯隆认为,通用汽车公司价值创造系统中缺少一个功能，即外观整体工程设计的功能。而且市场需求的时尚化、个性化和多样化趋势越来越明显，因此，引进人才构建外观设计的功能，成为通用汽车公司走向未来的成败的关键事项。

就在这个时候，凯迪拉克总经理劳伦斯·费希尔也意识到了外观的重要性。他在走访一些经销商的时候，发现有一个叫唐·李的经销商，除了汽车销售业务，他还有一个定制车身的生产车间，这些车身在外国轿车和美国轿车的底盘上都可以装载，是专门为好莱坞影星和加利福尼亚州的有钱人生产的。费希尔对这些轿车的外观印象深刻，并参观了定制车身的生产车间。在那里，他遇到了年轻的车间负责人哈利·厄尔，一个天才级的车身设计工程师。

在签订了一份特殊的合约后，1926年初，哈利·厄尔开始担任费希尔和凯迪拉克事业部的顾问，和凯迪拉克的车身工程师一起设计新款轿车。这款轿车被取名为拉塞尔，1927年3月首次亮相便引起了轰动，成为美国汽车历史上意义非凡的一部轿车，而且是第一部以量产方式取得成功的时尚轿车。

成立外观设计机构

哈利·厄尔的工作给斯隆留下了深刻的印象，他认为厄尔的才华在其他轿车事业部中应该也能派上用场。

1927年6月，斯隆建议成立一个特别部门，研究通用汽车的艺术和色彩组合问题，并邀请厄尔领导这个新的名为"艺术与色彩部"的专业职能部门。

这个部门由50个人组成，其中10个人是设计师，其余是车间工人、事务人员和行政助理。厄尔的职责是指导整体的车身设计，并针对一些特别轿车的设计进行研发。艺术与色彩部的经费是由费希博德车身事业部划拨的，但它隶属于总部，在斯隆的麾下，斯隆和费希尔全力支持厄尔的工作。

依靠种子选手集聚设计人才

斯隆认为，厄尔的新部门要解决的第一个问题是，按计划召集设计师。当时汽车行业里的外观设计师数量很少，也不是吸引人的职业。艺术与色彩部成立不久，费希尔和厄尔去了欧洲出差，学习欧洲的轿车设计，当时很多欧洲轿车的外观和机械性能比美国轿车要好。

1927年9月，斯隆给正在出差的费希尔写了一封信，"既然您和哈利·厄尔都在国外出差，我建议你们不妨跟那些在艺术色彩领域有想法的人试着联系一下。我认为未来我们要解决的一个大问题，就是要让我们的轿车彼此之间具有差异性，并且年年都要有不同。当然，哈利·厄尔在这方面有非凡的才华，但我们也必须认识到，即便如此，考虑到我们事业的巨大潜力和运营规模，我们需要竭尽所能地网罗更多人才"。

从此，厄尔不时将欧洲的轿车设计师邀请到他在底特律的工作室，并花了数年时间建起了美国第一所轿车设计师学校。

尽管市场对1927年发布的拉塞尔轿车很快就认可了，但是这难免会让生产部门和工程部门感到不安——"如果我们的艺术与色彩部是由某个个体来主导的话，可能导致未来我们的轿车看起来都差不多"。

斯隆对此的回复是，"艺术与色彩部有很多个体设计师，足以产生多样化的创意。厄尔知道自己不可能每年对八九条产品线的轿车都进行设计改动，同时还要让它们持续变得更好、更有艺术美感且各不相同"。

此后，为了保持了各事业部的独立性，在斯隆的建议下，在外观设计部中为每一个事业部都建立了独立工作室。

销售，才是最终决定艺术与色彩部能否获得认可的关键因素。然而，轿车市场给出的信号很明确，外观带来销量，凯迪拉克通过色彩设计取得了好业绩，其他产品线的轿车这样做后，业绩也很好。有意思的是，通用汽车成立艺术与色彩部是在1927年，也就是福特T型轿车接近停产的那一年。可以说，通用汽车外观设计的登场，意味着旧时代的终结和新时代的开始。

渐渐地，公司内部对于如何发挥艺术与色彩部（有时被叫作"美容院"）的作用，不再心存疑虑。

艺术与色彩部吸引着费希博德车身事业部和各轿车事业部的高管们，他们和设计师、工程师、木工、黏土模型师在一起热烈讨论、侃侃而谈，不时对黑板上的设计方案进行比较和指点，在艺术与色彩部的展厅里流连忘返。此外，新机构还聘请女性担任汽车设计师，以表达女性的观点和主张，这也是汽车行业里的首次。

把握市场对审美的需求趋势

斯隆给厄尔的部门提出了新的要求，确定轿车外观设计的发展主线，明确汽车外观设计的演化路径，这样今后的小改动就可以按照年型车的要求，年复一年地进行了，而消费者也就能逐步适应外观设计的变化。之后，艺术与色彩部更名为"外观设计部"，并创造了汽车行业的很多个第一。

1940年9月，斯隆任命哈利·厄尔为公司的副总裁，这项任命也彰显了外观设计的重要性。他是第一位有如此头衔的外观设计师，放眼当时其他任何重要的行业，他也是首位担任副总裁的设计师。

通用汽车是美国汽车行业第一个成立外观设计部的公司，并且在很长时间里是汽车行业中唯一的一家。二战后，福特和克莱斯勒才逐渐建立起了外观设计系统。

从斯隆的实践中我们可以看到，"引进什么人来做什么事情"是引进人才的起点。企业必须明确走向未来成功的关键是什么，然后竭尽全力去发现并引进天才级的领军人物，创造条件帮助领军人物培育团队，并使团队创造性地完成任务，为企业打开通向未来的大门。

CHAPTER 11
第 11 章

正确决策的要点

斯隆的实践告诉我们，要做出正确的决策，决策者必须是行家里手，同时在决策过程中遵循实事求是的原则，依据事实及其背后的真相做出选择。弄清事实，让事实说话，是决策过程中重要的一环。集中企业的资源和力量，不断提高产品争夺市场的能力，是企业决策中最重要的事项。

决策是经理人的工作

决策本来是一件稀松平常的事，是经理人经营工作中的一个环节，包括思考、选择和推动。经理人的选择标准也很简单，见利见效。所做的事情不能见利见效，必须重新选择。如果经理人选择不到位，一错再错，只能下台，面临淘汰，甚至职业生涯中止。优秀的职业经理人就是在严酷的现实中被历练出来、选拔出来的。企业不挣钱就会被社会淘汰，经理人不挣钱就会被企业淘汰。

在见利见效的事情上下功夫

职业经理人必须懂得"正确地做事情"，而不是"做正确的事情"。所谓正确地做事情，就是围绕持续见利见效的结果，展开他的全部工作，让所有的工作，包括他自己的工作，都能聚焦于见利见效。

企业是做事的地方,是很多人一起持续不断地做事的地方,企业的所有事情交织在一起,不可能从中选择正确的事情去做,只有可能让大家正确地去做事情,按照见利见效的结果要求去做事情。

"选择正确的事情去做"是一句正确的废话,世上没有人认为自己会选择错误的事情去做,哪怕是一错再错的人,也会认为自己选择的事情是正确的。

处在持续运营之中的企业,正确的事情只有一件,那就是依靠"真善美"的产品挣钱。促进技术进步是"真",响应市场需求是"善",提升艺术品位是"美"。斯隆习惯依靠公司的政策进行引导,提高整体运营效率。政策的制定并不复杂,针对现实问题或者不合理现象,提出需要改进的方面就可以了。与其说是在做决策,不如说是在工作,是在从事日常经营工作。

让事实说话,让事实做决定

在遇到重大决策事项时,包括公司政策的制定,斯隆都采用委员会的方式,依靠集体的力量做出决策,把企业中相关的人员聚集起来共同议决,议决的过程就是"摆事实,讲道理"。斯隆习惯把各种问题先摆出来,把各方的意见也都先摆出来,然后让参与决策的各方针对问题的焦点,收集相关的事实，让事实来做出回答，让事实来做决定。他通常会说，"好了，现在事实已经清楚了，事实已经帮我们做出了抉择"。

1928年10月，斯隆去欧洲考察，一起去的还有法律顾问史密斯。这次考察激发了斯隆收购德国欧宝公司的兴趣，他签署了收购的意向协议。协议为期半年，公司先调查再决定是否收购，一旦决定收购，需要先支付3 000万美元的定金。为此，公司组建了调查组，组长是史密斯。斯隆希望史密斯带领的调查组，对下列问题进行思考并做出回答：

第一，如果有一天美国出口的轿车只能进入高价位市场，真正的大众市场被欧洲当地的轿车统治，我们是否会后悔现在没有竭尽全力来避免这种局面？

第二，如果能在欧洲大陆和海外其他市场生产一款比现有的雪佛兰更简单，并且经过设计和开发、售价也更低的车型，那么会不会出现巨大的市场机会？

第三，如果第二个问题的答案是肯定的，哪怕现在还没有实现，那么是不是可以认为，随着德国工业的发展，德国本地化制造带来的成本就会低于关税和其他进出口的支出，这个巨大的市场机会是不是就会呼之欲出呢？

第四，如果对海外制造业的投资能够获得丰厚的回报，那么公司是不是就有机会借助欧洲大陆和英国市场的运营，捍卫公司的规模、销量以及利润呢？准确地说，是不是可以

第 11 章 正确决策的要点

扩大通用汽车公司在海外市场的规模、销量和利润，并且保护海外其他地方的业务发展不受影响？

最后，斯隆在给史密斯的备忘录中强调，"作为执行委员会主席，我特别想对大家说的是，不要对任何事情想当然，要用一种开放的心态去研究和接触各种观点，不要带有成见，我们唯一的目的是获取事实，不论这些事实会把我们引向何处"。

靠正确的人，做正确的事

斯隆是正确的人，他所做的事情因他而正确。如果做决策的人不正确，那么告诉这个人要选择正确的事情去做，也是徒劳的。人不对，事就不对。按照斯隆的话说，"一个组织并不能做出决策，组织的功能是基于已经确立的准则提供一个框架，在这个框架内，人们可以用一种有序的方式进行决策，而决策的成败最终取决于人，取决于制定者和责任人"。一个企业或一个组织机构只是提供了做事情的资源和条件，最终还是要靠人做事情，包括思考、选择和推动。斯隆认为，"不能套用公式来做决策，而是要针对不同的情况做出决策。在决策过程中，固定、硬性的规则永远不能替代人对商业问题的合理判断"。这就明白地告诉我们，能否做出一项正确的决策，完全靠决策者承担责任的能力与承担责任的意愿。

从斯隆给史密斯的备忘录当中我们可以看出，他考虑的是通用汽车公司的前途和未来，这是总裁的责任担当。用他自己的话说，"事实上，这是自经理人阶层扎根于企业经营业务领域以来，公司在资本投资和企业发展领域迈出的最重要的一步。通用汽车公司涉足海外生产这件事，必然会在行业内和政府部门间引起广泛的讨论。因此，我们善于以建设性的方式做建设性事情的名声，也会面临风险。执行委员会对这个问题的分析负有重要责任，这不仅仅是为自己，也是为了整个公司"。

斯隆给史密斯的备忘录表明了他对这项决策思考的深度和广度，也为这项决策指明了方向。

1929年1月18日，斯隆依据史密斯小组的专项调查，向财务委员会汇报了欧宝以及海外生产的全部情况，财务委员会通过了收购欧宝的决议，并决定在执行委员会下设一个"收购欧宝的委员会"，授权完成收购任务，收购报价1.25亿马克。该委员会成员有弗瑞德·费希尔、一位董事、一位同时在执行委员会和财务委员会任职的成员，还有斯隆。

1929年3月8日，收购委员会向执行委员会报告，结论性意见是行使购买权。报告中详细记录了德国汽车市场当时的发展情况及欧宝的信息。特别值得注意的是，欧宝有736家销售网点，拥有德国最好的经销商组织。收购会让通用汽车公司拥有欧宝的经销商组织，并获得一个德国本土企业的背景，而不必以外资的身份从事运营。

1931年10月，通用汽车公司做出了收购欧宝的最终决定，获得了欧宝公司的全部股份。收购欧宝公司，使通用汽车公司在德国市场上占据了有利位置，进而，使通用汽车公司从一家国内制造商转变为一个具有国际视野的制造商，不仅拓展了市场发展的空间，而且拓展了资源配置的空间，包括人才资源、技术资源和设备资源，等等。

值得一提的是，1929年爆发的经济危机使通用汽车公司的出口量暴跌，1932年，出口量开始回升，但是海外的产销量增长得更快，1937年，通用汽车公司出口18万辆汽车，同时，海外的产销量达到18.8万辆。

从中可以看出，做决策是经理人日常经营工作的一个组成部分，贯穿始终的是提高企业经营业务的运营效率及经济成果，而决策水平的高低，全凭经理人在企业经营业务中练就的承担责任的本事。

依靠沟通做出决策

了解巴纳德思想的人都知道，经理人员最重要的工作就是沟通，以激发每一个人的思考，并让每个人愿意为共同的选择做贡献。一群平凡的人在一起，经过有效沟通可以做成一件不平凡的事情。

从突破现实入手

人类的一切选择都是为了突破现实——对现实的不满，对未来的向往，让人们打开通向未来的大门。

早在二战结束前，通用汽车公司工程技术设施不足的问题已经显现出来了，公司不同技术部门的员工分散在底特律的不同地方勉强办公。尤其是外观设计部，备受重型工程部门柴油发动机生产线噪音的干扰。

于是，各工程技术部门就开始为战后的设施制订计划了。这个过程涉及研究部和工程部之间的关系问题，自然就产生了一种想法：能不能寻找一个地方，建设一个庞大的技术研究中心，把所有与技术相关的部门，全部放在一起办公？

这对通用汽车公司来讲，是一件非常重大的事情。如何做好这件事情谁都不知道，其中涉及一系列的决策，且没有人有能力对每一步的决策承担责任。

1944年3月29日，斯隆给凯特灵写信，第一次提出了自己的想法："亲爱的凯特灵先生，我一直在思考一些能够影响公司长远发展和地位的问题，如果可以，我希望能够征求

第 11 章 正确决策的要点

你对这些问题的意见。

我们都已经认识到，技术进步是我们未来保持竞争优势的关键所在。在公司这些年来的研究活动中，我们在科学和工程之间保持了不可思议的平衡。我感兴趣的是，是否我们现在拥有的这种不可思议的平衡能够并将会持续。我大胆猜测，未来10～20年里，通用汽车公司将比现在更专注于科研领域，我所说的"科研领域"是指那些与我们利益直接相关或者间接相关的问题，但绝不是"工程"这个词的通常含义。

现在我想起你经常跟我提到并且我也认同的观点，就是缩短从产品研发到产品应用的周期。

这些年，为了加快我们产品的研发进程，我们已经尝试了很多不同的方法。比如，在总部工程技术部门领导下建立产品研究小组，并接受工程部负责人的指导。通过这种方式，工程开发变得更加实用了。

我认为，我们应该由公司主管工程的副总裁来建立一套正当、可信的中央职能，从整体上主导轿车的工程研发。

我设想，开发一个实体来承载这些职能，它的位置要在底特律附近而不在市内，这个实体能够缩短前沿研究应用到产品上的时间，并且不需要对现在的工程和科研工作做任何变动。如果未来我们的研究工作打算更多地专注于科学研究领域的话，那么我们就应建立一个机构来承担这方面的职能。"

让想法变成提案

凯特灵用一个具体的计划对这些建议做出了回应。他提出扩大研究设施的投入,除了机床和模型产线,将所有设施都搬到新址。他把这份计划发给了亨特(负责工程职能的副总裁),亨特又转给了斯隆。

1944年4月,斯隆在给亨特的回信中说:

"我们都同意,不管需要付出多大的代价,与我们将会从中收获的相比都是微不足道的。何况增加设施上的投入,是为了生产并出售技术上可靠、称心且先进的产品。

我确信,我们的研究设施需要增加,目前的设施不仅不足,无法达到我们想要的结果,而且地理位置的分布也很不合理。

我绝不想以后再花钱去做同样的事情。因此,我相信这个计划是可行并且必需的,也就是建立一个全新的场所,让运转情况更加符合我们的要求。"

最后,斯隆在这封信的结尾处对凯特灵的建议提出了修改意见和建议:

"让我们把修建的这个设施称为通用汽车技术中心,通用汽车技术中心不仅包含凯特灵提议的扩展后的研究职能,还包含工程职能、哈利·厄尔的车身设计等。这样我们就把工程职能的扩展与我们在底特律产品的扩展对应起来了。"

1944年底，斯隆认为到了将这个建议提交给行政管理委员会进行讨论并审批的时候了。行政管理委员会的会议记录如下所示，"斯隆先生向委员会提议，他正在拟订一项在底特律邻近地区建立技术中心的计划，以响应公司有关提高技术实力的政策。他指出，这个计划目前处于试探性阶段，完整的资料将会在稍后提交。他建议这个中心应该包括现在有的研究事业部和艺术色彩部门，同时还要有总部的工程研究职能，类似于总部工程部从事的产品研究，既有别于研究事业部现在的工作，也不涉及事业部工程项目组的工程开发。行政管理委员会主席征求了大家的意见，出席会议的相关人员也都表达了自己对这个建议中的技术中心的支持和浓厚兴趣"。

让提案变成现实

行政管理委员会经过讨论达成了共识，包括技术中心应该远离人口密集的市区，但要靠近铁路，距离通用汽车大楼25～30分钟车程，并且临近住宅区。同时达成的共识还有，每个部门都应该保留各自的标识。

1944年12月中旬，通用汽车公司找到一块满足他们的各种要求且面积合适的土地，剩下的问题就是采用什么样的审美标准和建筑风格。

哈利·厄尔从一开始就主张，应该建造一座标志着成功的建筑，并且该建筑还应该有与众不同的特色。其他人则认为，任何对高审美标准的强调，都有可能会使技术中心的实际运作效果打折扣，所以他们希望通用汽车公司自己来设计和规划这个项目。就在这场争论发生时，斯隆恰好参观了刚刚完工的底特律乙基公司实验室，那些漂亮的建筑给斯隆留下了深刻的印象，于是斯隆开始更倾向于采纳厄尔的观点。

最后，通用汽车请厄尔为技术中心寻找能够提供合适设计方案的建筑师。厄尔拜访了很多顶尖的建筑设计学院，也广泛地征求了这个领域内其他专业人士的意见，最后发现几乎所有的推荐都指向了沙里宁。

1945年7月，通用汽车拿到了建筑的初步设计方案、精心制作的比例模型以及各栋大楼的建筑效果图。是年，项目正式动工，但后来被迫延期。1949年，项目重新动工。1956年，"通用汽车技术中心"落成。技术中心真正的不寻常之处在于，它既具备良好的运行功能，又不失优雅。

从案例中我们可以看到，企业是一群平凡人的共同事业，如何让一群平凡人干出一些不平凡的事情，关键是沟通。沟通不在于技巧和方法，而在于认真程度，在于对事情的深入思考程度。

第 11 章 正确决策的要点

正确认识未来的变化

对企业而言，未来的变化就是市场竞争，应对市场未来的变化就是提高争夺市场的能力。企业战略的核心是产品，是企业的产品战略，是集中力量发展产品、争夺市场，而不是弯道超车、跳跃式发展、一夜暴富。

福特的教训

经营好一家企业的关键，是不断响应外部市场的变化，尤其是通过产品的不断创新响应顾客需求的改变。

1908 年，福特成功地开发了 T 型车并开发出了固定流水生产线，开创了一个大众消费汽车的市场，成了美国的英雄。但是到了 20 世纪 20 年代，福特依然十九年如一日，一款 T 型车打天下。斯隆认为，福特的经营模式已然僵化，它沉溺于已经过时的经营理念而不能自拔。

斯隆认为：

"通用汽车公司的成功源于经营效率以及随之而来的业务增长，而且，通用汽车公司之所以能走到今天，是因为它的人才以及他们一起工作的方式。产业机会使这些人加入一家企业，在这里他们的工作被有效地组织起来。汽车这个领域对任何人都是开放的,包括科学进步的信息是共享的,技术知识可以自由流动,生产技术透明公开,市场是全球性的,等等。"

然而,在这个开放的产业环境下,究竟谁能胜出呢?说到底,只有顾客的选择才能决定谁能成为市场的宠儿。

面对企业内部各自为战、互相掣肘,企业外部福特一家独大的局面,斯隆的首要任务是找到适合公司的组织形式,这就是集中政策下的自主经营体系,而这种组织方式设计的初衷就是响应市场的变化。在斯隆看来,"汽车生产商一旦陷入僵化,那么不管它的业务规模多大,市场地位多高,必然会被市场严厉惩罚"。

依靠产品竞争能力争夺市场

市场和产品都在不断变化,在这种情况下,如果企业对变化准备不足,尤其是缺少应对变化的政策,就很可能面临失败的境地。

通用汽车公司依靠密封式车身的有效开发,满足了消费者对汽车品质升级的需求,从而抢占了大部分市场。在20世纪30年代初的经济大萧条时期,市场需求发生了逆转,低价车成了消费主力,通用汽车公司立即对这种需求变化做出了

第11章 正确决策的要点

调整。随着经济的复苏，消费者对高档产品的需求再次升温，通用汽车公司又一次快速抓住了需求的变化。

当时，人们对于小型轿车的市场需求能否继续增长并不确定，但通用汽车已经意识到了这种可能性，并且着手设计这类轿车。早在1952年，雪佛兰在取得总部管理层的认可后，就成立了研发小组负责开发一款小型轿车。一旦市场需求大幅增长，达到了量产要求，雪佛兰就会将这款车型投入备产。这款车被命名为科尔维特，1957年末设计宣告完成，于1959年秋季推向市场。后来通用汽车公司又推出了其他一些产品，包括1960年的别克特别款、奥兹莫比尔F-85、庞蒂亚克风暴，1961年的雪佛兰II型以及1963年的舍韦勒。

通用汽车的董事长兼首席执行官唐纳先生是这样说的，"为了应对市场的挑战，我们必须尽可能早地认识到消费者需求和欲望的变化，这样我们就可以在正确的地点、正确的时间，以适当的产量推出适当的产品"。

从斯隆领导通用汽车公司的历史中可以看出，一个企业要想不断适应外部环境的变化，最重要的是要不断推出适销对路的产品，满足市场需求。市场需求的变化以及市场格局的改变是最活跃的因素，也是一个企业持续成长的动力所在。

12

CHAPTER 12
第 12 章

打通业务流程

第 12 章 打通业务流程

从亚当·斯密《国富论》制作大头针的故事，到泰勒《科学管理原理》指导的工厂效率提升，从源头理论到工业产业实践发端，这些一开始就告诉我们一个基本的原理，企业的经营业务必须建立在流程之上，这样才能降本增效，进而改进工具，应用机器和动力，大幅提高物质财富的创造能力。

效率工程师的流程思维

在泰勒时期就有一批工程师下到了工厂，历史学家称他们为"效率工程师"。从历史的源头，从事情开始的地方，我们就很容易看清楚，企业经营中的核心问题就是效率，这与亚当·斯密讨论的经济学是一个命题，而效率与生产作业流程直接相关，提高效率就是改善流程。

效率的三个来源

效率有三个来源，分别是点效率、线效率和面效率。点效率就是工序效率，这是泰勒研究的对象；线效率就是过程效率，这是钱德勒研究的对象；面效率就是系统效率，这是波特研究的对象。波特认为，所谓系统效率就是用一组经营活动来系统满足顾客需求的能力，他具体列举了"宜家家居"的案例。

从经济学到企业的经营，事情本来是非常简单的，就是提高效率。结果出来一个管理学，把事情给弄复杂了。提高效率本来就是工程师的事情，这些效率工程师后来就变成了职业经理人。

泰勒的主要工作就是提高工序的效率，通过动作研究和时间研究，降低劳动者的劳动消耗，提高劳动者单位时间的产量，并通过"计件工资制"来激励劳动者提高产量。很遗憾，这样做的结果成效甚微。根本原因是随着产量的提高，销售的效率在下降，包括销售费用的提高和销售价格的降低。当时就有人说，随着产量的提高，劳动者对边际利润的贡献是下降的。结果就是工厂主不得不降低"工资支付率"。工人的单位时间产量越高，工资支付率就越低，由此引发了劳动者群体反抗，要求维持单位时间的产量，史称"集体怠工"。泰勒设想的"劳资两利"没有发生。

提高流程效率

斯隆是工程师出身，自然具有"以终为始"的工程师素养，在23岁的时候他就很清楚，提高生产作业流程的效率并不一定能够提高企业的盈利能力，只有在不断提高销量的基

第 12 章 打通业务流程

础上提高产量，把产能发挥出来，才能使效率的提高转化为利润的提高。反过来说，如果不能实现有效的销售，那么产量的提高就会转化为库存，转化为资金占用，转化为亏损。

为此，他把生产作业流程与客户企业的生产作业流程对接起来，把生产过程和销售过程衔接起来，按照产销平衡的业务要求，形成产销联动的业务流程。这就是钱德勒所说的过程效率，也就是货物通过业务流程各环节的能力与速度。换言之，同样的时间，货物通过各个环节的量越大，通过的速度就越快，越经济，也称"速度经济"，这是对应于"规模经济"来说的。如果各环节的通过能力不够，规模越大，反而越不经济。

斯隆把海厄特公司的生产作业流程和客户企业的生产作业流程对接起来，努力使自己的产品适应客户企业的生产作业流程，同时帮助客户企业改进生产工艺，提高生产效率，提高产品通过各环节的能力和速度。

斯隆知道自己的产品是滚珠轴承，只是客户企业汽车零配件的一个配件，他还必须帮助客户企业把汽车零配件用到那些著名品牌汽车上。于是他积极参加汽车展销会，与福特、凯迪拉克这样的汽车大佬交流，还向最终的消费者推广客户企业的汽车零配件，打通产品业务流程的全流程，提高产品通过各环节的能力和速度。

从"产销协同"到"厂商结盟"

斯隆入主通用汽车公司之后,为了打通业务流程,首先想到的是生产和销售两个部门的有效协同,可以称为"产销协同"。产销协同的要害是产销平衡,"生产期量"要与"销售期量"保持一致,说白了,就是在"时间和数量"上,生产与销售要保持一致或平衡。快了不行,慢了也不行;多了不行,少了也不行。生产快了或多了就变成库存,生产慢了或少了就变成断货。反之,销售也一样。这一切都会转变为成本上升、利润下降。产销协同的目的就是解决产销之间的"多或不足",按照古人的说法,过犹不及。这是降本增效的基础,也是见利见效的要害。

斯隆从产销协同自然想到了厂商结盟,自然想到了要与经销商一体化运营,这就是后来发明的新概念"深度分销"。100多年前斯隆就已经在做这件事情了,100多年前的美孚也已经在做这件事情了。100多年后只是换了一个词叫"深度分销",本质上是一样的,都是厂商结盟。凡是规模化大生产的企业都会走上这条道路,从宝洁到可口可乐,再到中国的家电行业,无一例外,这也可以称为"速度经济模式"。1932年,克拉克和韦尔达合作出版了《美国农副产品营销》,把这种供应商和经销商一体化运营的方式,称为"营销",它不同于传统的"销售"和"分销"的概念。可以这么说,规模化大生产企业都走在了一条相同的必由之路上,或者说,它们的运营规律是一样的。

产销协同

从产销协同到厂商结盟,这是企业经营的自然之必然。为了提高企业运营效率和利润,斯隆很自然想到了要强化生产和销售两个部门的协同。

产销协同涉及方方面面,最基础的就是弄清楚生产与销售的数据。然而销售的数据不完全掌握在销售部门,因还涉及经销商和消费者两个环节,而销售部门不完全掌控这两个环节的数据,这成为产销协同的难点。

斯隆当年在处理产销协同问题的时候,首先抓的就是产销两个部门的数据,很快他就发现这两个部门的数据对不上。这令斯隆非常担心,数据上的偏差反映的是货物上的偏差,是产销量上的偏差。最常见的问题就是,生产部门以为产品已经卖出去了,实际上产品滞留在经销商的环节,或积压在经销商的仓库里,并没有卖给消费者进入消费领域,并没有实现"有效销售"。如果生产部门依据错误的销售信息继续生产甚至扩大产量，那么就会引起经销商环节暴库或拥塞。这就像道路出现拥塞的情况，拥塞环节的通过能力和通过速度瞬间降为零，这就是斯隆所说的"库存危机"。

库存危机的发生

从1921年开始，斯隆要求各事业部经理提供工厂实际的产销量报告，以10天为一个周期，分别在每月的第10天、第20天和最后一天提交。此外，斯隆还要求他们在每月月底汇报，还有多少待完工的轿车订单，厂里的成品轿车数量是多少，经销商手里预计还有多少辆轿车。

在这个过程中，斯隆意识到零售端、总部与事业部之间存在严重的信息偏差。总部知道事业部卖给经销商多少辆轿车和卡车，但并不清楚这些车卖给消费者的情况，不清楚这些车是已经卖给了消费者，还是积压在零售终端，积压在零售门店。

尽管事业部经理给斯隆的月度报告中有经销商的车辆库存数据，但并不是由经销商直接提供的当期数据。这些原始数据不仅质量差，而且滞后数周。在此基础上形成的销售预测质量很差，导致生产和销售完全脱节，引发了1924年的库存危机。

第 12 章 打通业务流程

库存危机的表现

1924 年 3 月 14 日，斯隆向财务委员会和执行委员会提交了一份报告，指出当时公司乃至整个行业积压在经销商手中的轿车比以往任何时候都要多。概言之，产量增加了 50%，卖给消费者的车辆却下降了 4%。斯隆要求雪佛兰和奥克兰立即大幅减产，事业部经理们勉强接受了。

斯隆担心，如果库存积压到 7 月 1 日，就可能引发一场危机。此时，财务主管布朗的数据也显示运营情况不乐观。1924 年 5 月，斯隆和布朗对经销商进行了实地走访，并亲自清点库存。这次走访让斯隆清楚意识到，3 月的减产力度是不够的，7 月的生产过剩已经不是一种可能，而是既成事实，每个地方的库存都过剩了。

斯隆立即命令所有的事业部经理立即削减生产计划，整个公司总产量每月削减 30 000 辆。这是他在担任通用汽车首席执行官期间，为数不多的直接向事业部经理发号施令。由于在生产过剩的问题上没能做到有效预防，1924 年 6 月 13 日，财务委员会对斯隆进行了问责。委员会要求斯隆解释，生产计划是如何制订的，谁对经销商春夏季的库存积压问题负责，以及应该采取怎样的行动方案以避免类似事件再次发生。

库存危机的原因分析及对策

1924年9月29日，斯隆在回复财务委员会的报告中，严厉批评了一些事业部，特别是雪佛兰和奥克兰。斯隆指出，只有凯迪拉克的生产计划是建立在对消费者的销量的基础上的。其他事业部制订的生产计划五花八门，并认为只要把产品交付给经销商就万事大吉了。问题主要集中在以下几个方面：

第一，在1924年7月1日前后，生产计划制订的主要思想是，公司把产品卖给经销商以后，销售职责就宣告结束，后面的事情无须理会，只要能迫使经销商进货就万事大吉了。

第二，在过去两年里，像消费终端的汽车销量这样真实可靠的数据，在准备生产计划时从来没有作为基本数据被加以挖掘和利用。

第三，生产计划根本无原则可言，这种现象不限于通用汽车的各事业部，整个行业的状况大体如此。

1924年的库存危机事件之后，通用汽车公司的两类人懂得了如何就工作达成一致：一类是销售经理，他们天生热情开朗，并且相信通过自己的努力，能够对销售总额产生影响；另一类是从事数据统计工作的人，他们基于整体的需求信息，给出客观的分析。

第 12 章 打通业务流程

这两类人的分歧消除之后,需要进一步进行的工作就是对生产进行有效管控,第一是提高预测的能力与水平,第二是当预测到错误的时候缩短反应时间。

首先要对新车也就是"年型车"进行销售预测,并且用销售预测的数据对各事业部的生产进行约束,同时依据销售预测的数据,对市场进行跟踪,及时做出调整。

有关新车型的预测和修正数据,必须提前 6～8 个月确定下来,以便生产部门有足够的准备时间,尤其是足够的准备生产模具的时间。尽管预测的销售数据可以进行滚动修正,但这些预测的销售数据必须贴近现实,以便对未来 6～8 个月的销售具有引导作用。这一点对于结束"年型车"销售的意义尤其重大,在年型车的销售结束期,必须制订出一个不可更改的最终生产计划,将模具与物料提前安排好。

厂商结盟

产销平衡的难点在于供求平衡,企业必须把商务领域的触角尽可能地延伸到分销和零售环节,乃至延伸到消费领域。对于通用汽车这样的规模化大生产企业,必须与经销商结盟,形成分工一体化的关系体系。

帮助经销商建立会计系统

在1924年春季,斯隆决定在公司层面上对消费需求进行官方预测。具言之,按照每个价位,分别预估全行业来年的轿车总销量,并把这些预估与事业部经理的预测关联起来,同时研判在每个价位上,通用汽车可能取得的合理市场份额,并结合过去三年来的实际销售情况,以及公司对来年整体商业前景的评估,确定每个价位的年度销量。这个销量被定义为"目标销量",也被视为12个月的销量指南。这是公司对事业部生产管控迈出的最关键的第一步。在目标销量得到运营委员会批准后,斯隆给事业部经理发函,要求他们基于目标销量再进行一次预测。

为了更及时全面地了解市场情况,公司在1924年和1925年制定了一套统计报表系统,由经销商每隔10天发给事业部。报表中的核心信息是,10天内经销商卖给消费者的轿车和卡车销量、卖给消费者的二手车销量,以及新车与二手车的库存。有了这些每隔10天更新一次的信息,事业部和总部人员也就可以采取修正措施,更精准地做出新的销售预测了。为了进一步提高销售预测的质量,除了经销商提供的10天统计报告以外,公司还从第三方公司引入了零售的相关独立数据,比如新车注册的常规报告。

第12章 打通业务流程

有了这样一整套程序作为基础，公司的生产规划就变得更严格了。运营部门和总部管理层在生产计划中各自承担什么职责也定义得很清晰。一旦某事业部年度生产总量的预测定下来后，事业部经理接下来考虑的问题就是如何把全年的生产计划分配好，以确保产量尽可能保持平稳，同时又能应对销量的季节性变化。

做到这一点并不容易。一方面，从方便经销商和最大限度减少成品库存的角度来说，工厂应该调整产出，以适应季节性的市场需求。这种做法能够帮助经销商减少产品过时的风险，并降低成品的存储成本。另一方面，站在厂房和劳动力的有效利用以及员工福利的角度，必须努力维持"均衡生产"，使"节约式经销"和"节约式制造"两者保持合理的平衡点。

总部人员协助事业部经理对预测的年度销量进行季节性因素的分析，计算出各事业部最低运营库存的绝对值，以及每四个月预测期的最低运营库存的季节性限额。

每隔10天，经销商的报告提交上来，每位事业部经理会将实际结果与当月的预测进行比较，进而对生产和采购计划进行评估，这是整件事情的核心。如果实际销售低于预测，就要减产；如果看好销售行情，事业部经理可以在工厂产能的限额内提高产量。每个月事业部经理要对未来四个月的销售预测进行调整，以反映当前的销售趋势。换言之，不是置实际的消费趋势于不顾，提前四个月就定好一套雷打不动的生产计划，而是用销售结果来提醒管理层，该应变的时候就必须调整生产计划。这样就能让生产与零售需求的信号保持一致，同时又能确保事业部和经销商手中的成品库存不少于最低限额。

说到底，最重要的事情并非年型车的"目标销量"准确与否，而是能否通过及时报告和调整，对实际市场的变化保持敏感，使公司总部和各个事业部之间预测所依据的信息有效协同起来。

新的预测和计划方法对运营产生了明显的效果，物料库存控制在了最低水平。1921年，包括物料、在制品和成品在内的总库存周转率约为2次；1922年，周转率增加到了4次；到了1926年，周转率接近7.5次。

生产计划与成品的终端销售形成了更紧密的衔接，提高了经销商的库存周转率和利润水平。1925年，通用汽车全美经销商的新车库存周转率是12次，即每月1次，较之前的任何一年都提高了约25%。

强化"年型车"的业务流程

尽管通用汽车公司通过提高销售数据的预测和修正能

力，有效地提高了生产部门和销售部门之间的产销平衡能力，提高了生产部门"年型车"计划的准确性。但是生产部门能否有计划地响应市场销售的需求，最终取决于年型车生产作业流程是否畅通。可以说，与"计划"相比较，"流程"更基础。没有流程作为基础，计划很难落到实处，时间进度很难保证，财务预算很难落实。

20世纪20年代，也就是约100年前，通用汽车公司旗下各个品牌每年都会推出一系列年型车，包括大轿车、双门小轿车、金属顶汽车、旅行车、敞篷车。

在新车型推出前，至少要回答两个问题：

第一，如何满足先进的工程和外观设计要求，使各款车既能保留明显的区别，又能体现共同的特征。

第二，如何在价格上有竞争力，在满足顾客需要的同时，彼此的价格还能互补。

推出年型车的工程量巨大，通用汽车公司有数以千计的人参与其中。开发周期也不短，一般从最初决定开发到出现在经销商的展厅里，大约需要两年时间。

车身外观每年都要变，花费的时间也最多。底盘虽然也会持续更新，但只偶尔进行全面更换，花的时间相对较少。

年型车开发的第一年，外观设计部、轿车事业部以及车身供应商等相关团队，会在通用汽车公司的工程政策组的组织下，专注于确定新车型的基本工程和外观特征。

第二年则是由轿车事业部、工程部、车身供应商等相关团队承担更多的责任，因为在这一年将专注于解决工程问题，以确保年型车能够顺利投产。

为了能如期向市场推出各系列的年型车，通用汽车公司必须协调好参与到这个项目中的各个团队和各项任务。显然，这是件重要且复杂的事情。不过，通用汽车公司通过工程政策组控制时间进度，主要是在开发流程上设置若干必要的审批环节，推动每一年年型车的交付。

工程政策组直接向执行委员会汇报，成员包括公司的董事长、总裁和总部的主要高管，主席由主管工程部的副总裁担任。

工程政策组的另一项重要职责是把控公司宏观政策，因此成员中并不包括各轿车事业部总经理以及车身供应商费希博德的总经理，但这些事业部的总经理及首席工程师，经常会应邀参加由工程政策组召集的项目审议会议。

工程政策组承担着推进项目的责任，必须与外观设计部、工程部、轿车事业部、车身供应商保持无缝衔接，并在每个关键环节组织项目审议会议。

某个环节审议通过后，任务的担当机构和应用任务成果的机构，就可以进行下一个环节或者下一个阶段的工作。如果审议没通过，相关的任务担当机构就需要根据审议会议的意见和建议，如期做出修改和调整，以确保在最迟的时限通过审批。

以年型车开发第一年外观设计部的工作为例，外观设计部的工作主要是完成一系列外观设计方案、座椅架和各阶段的各种模型，外观设计部还需要考虑外观和底盘部件的匹配方法。外观通过审议后，外观设计部就需要与工程部紧密合作，推动外观车身与底盘部件的适配工作。

在这个过程中，外观设计部还必须同步与车身供应商紧密合作，完成不同车身、不同模具、夹具、固定装置等物料的成本估算和设计制造，最终制作出各系列新车外观的原型。

在外观设计部与车身供应商合作互动的过程中，轿车事业部也需要参与进去，针对具体细节展开工作，共同完成车身成型件、装饰件、仪表板以及各车身前部、侧面和后部的设计方案，并用手工制作的方式，打造出用于测试的实验底盘，还要形成底盘的细节图纸，提供给车身供应商。

由此可见，经理人的职能就是"跑流程"，进一步的职能就是"泡流程"，围绕着具体任务，密切关注流程的正常运行，确保流程的有序、合理和高效。

强化与经销商的合作关系

过去，通用汽车公司为了避免经销商倒闭或流失，也曾出钱出力帮扶经销商，但成效甚微。现在，通用汽车公司打通了与经销商经营数据的连接，知道要选拔那些有经营能力的经销商加以扶持，让它们做得更好，以更快的速度发展起来，这才是对双方都是有利的事情。说白了，对经销商，就是要让强者变得更强，这样才能反过来使通用汽车公司变得更强。对通用汽车公司而言，扶持经销商是创造价值、提高能力的"经济行为"或"商业行为"，而不是挽救经销商免于倒闭的"扶贫行为"。时任"通用汽车金融服务公司"副总裁的迪恩和通用汽车公司财务负责人布朗一起把这些想法变成了一个实施方案。

1929年6月，通用汽车公司成立了汽车控股公司，迪恩成为首任总裁。这家公司的职能是给经销商提供资金，并作为经销商的投资人或股东，承担临时的权利和义务，不仅为经销商提供资本，还为经销商提供有关合理化运营的建议和培训。

这个实施方案的要害在于，找到合格或有能力的经销商，给它们提供充足的资金支持，并帮助他们挣到足够多的利润。这样不仅使该经销商提高了经营能力，有钱回购汽车控股公司的股权，而且使汽车控股公司既可以回收投资，又可以获得一定的投资利润。

具体的操作方式是，首先确定所需资金的总盘子，然后被选中的经销商把手头的钱投到经销汽车的总盘子中，投入的比例不低于25%。其余所需资金由汽车控股公司投入，同时根据投入的金额确定占有的股权份额。

接下来,汽车控股公司承担的职责就是努力帮助经销商挣到钱。汽车控股公司承诺,在扣除8%的投资利息后,让渡所占股权红利的50%给经销商,以使经销商更容易赎回股权。汽车控股公司在股权被全部回购以前,保留对该经销商有关经营事项的否决权。

自1929年到1962年底,汽车控股公司在美国和加拿大投资超过1.5亿美元,合计扶持了1 850家经销商,其中1 393家回购了汽车控股公司的所有股权,很多已经成为在美国和加拿大市场占有率和盈利名列前茅的经销商。还有一些经销商在汽车控股公司的帮助下,创办了自己的公司。

斯隆对此非常肯定,认为借助汽车控股公司,通用汽车公司与经销商形成了紧密联系,对经销商的问题也有了更清晰的了解,汽车控股公司也给集团公司提供了有关零售市场和消费者偏好的更多有用信息,更重要的是为通用汽车公司维系了一个强大的、资金充足的经销商团体。

在这个时期,汽车控股公司的经销商卖出了超过300万辆轿车,总利润超过1.5亿美元。

1950年福特开始模仿,1954年克莱斯勒开始模仿。正如汽车控股公司的前任总裁赫伯特·古尔德所说:"竞争对手的效仿,无疑是对我们的一种商业表彰。"

后 记

现代社会的历史起点有三件事都发生在1776年：

（1）亚当·斯密发表了《国富论》。

（2）美国通过了《独立宣言》。

（3）瓦特发明了蒸汽机。

可以说，这三件事是现代社会发展的三个条件。美国的《独立宣言》强调了洛克的天赋人权，即所谓的不可剥夺的生存权、自由权和幸福权。瓦特的蒸汽机表明人类可以依靠机器代替人力，依靠科学技术的进步提高创造物质财富的能力。《国富论》则证明了，市场这一"看不见的手"能够自然调节供求关系，协调人与人之间分工和分利的关系。

企业内部的劳动分工、企业之间的社会分工以及国家之间的国际分工，不仅拓展了市场交换的空间，而且增加了人类依靠技术进步创造财富的机会与能力，并依靠市场这一"看不见的手"，维持与发展人与人之间的分工与分利关系，

后 记

维护每一个人的天赋人权。

斯隆作为一个卓有成效的经理人，严格遵循了一个社会正常发展的上述三个条件。他曾经明确告诉德鲁克，自己仔细研究过美国制宪会议的全部文件，懂得如何维护企业作为一个社会组织的地位与资格，懂得如何保护每个员工作为社会公民的地位与资格，因此，斯隆反对"个人意志强加于他人"的行为，强调依靠事实做出正确的商业判断，并全力以赴推动科学技术的进步，努力拓展市场交易的空间。

在斯隆看来，他在通用汽车公司任职的46年中，公司之所以能够持续发展，最重要的是三个因素，这三个因素构成了通用汽车公司的经营基础：

（1）公司总部集中政策条件下的各事业部自主经营体系。

（2）按照客观经营要求建立起来的财务管控体系。

（3）在激烈竞争的汽车市场中，通用汽车以自己的方式表现出的对"经营"这一概念的理解。简单来说就是，努力顺应市场发展的趋势，依靠企业产品政策的引导，积极推动科学技术和生产工艺的进步，同时创造各种条件，消除影响市场需求的支付能力的障碍，推动市场需求从单一化、标准化和大众化，向多样化、丰富化和个性化发展，并按照军事战略的原则，集中力量攻击对手的薄弱环节，一举打破福特

T型汽车的垄断局面。

　　凯恩斯提出"看得见的手"的概念之后，人们误以为"看得见的手"就是"管理"，就是代表整体利益的行政化干预。随着凯恩斯主义的破产，法约尔以来的那种计划、组织、指挥、协调和控制式的管理，也必将遭到更多质疑。本书也许能够为中国企业指明一条走向未来的道路，一条切实可行的道路。

包　政

2024.11.21